# 〝好き〟を仕事に変える

沖中幸太郎
OKINAKA,Kotaro

# はじめに

本書は、アルファポリスビジネスで連載中のインタビュー企画「道を極める」を1冊にまとめたインタビュー集です。〝好き〟を仕事に変えて生きている人たちは、どうやってその道に辿り着いたのか。

その答えにはきっと多くの「人生のヒント」が詰まっているのではないかと考え、本企画はスタートしました。

私も「インタビュアー」という、一般的ではないちょっと変わった仕事を生業としています。

今でこそこうしたお仕事をいただけるまでになりましたが、その道のりは決して平坦なものではなく、インタビュー相手の心の内にある本音を聞き出せなかったり、せっかくうかがった素晴らしいお話をうまく原稿にすることができなかったりと、失敗や挫折をしてきた経験がたくさんありました。

本書に登場していただいた12人の方々は、皆それぞれの道で、唯一無二の活躍を続ける方ばかりです。そして、全員に共通しているのは「〝好き〟を仕事に変えた」人であるということです。

自分が理想とするコーヒー豆を求めて世界中を飛び回るコーヒーハンター、ゼロからハリウッドに飛び込んだ特殊メイクアップアーティスト、市場がない中で仲間をつくることから始めた靴職人、大学卒業後に師匠に志願し独自のスタイルであっという間に真打へと昇進した落語家などなど……。

〝好き〟という気持ちを貫き、そこに立ちはだかる困難を克服し、自分だけの生き方を極めている方ばかりです。

道の極め方に正解はありません。それぞれの方が唯一無二の方法で道を開拓し、結果として〝好き〟を働く原動力に変えることで、自分だけの道を進まれています。

「やりたいことを極めれば、やるべきことが見えてくる」

そのドラマのどれ一つとっても、「同じ話」はありません。ご紹介する方たち全員が困難に向き合ってきた方法は、当然ながらさまざまです。しかし、本当に好きであるが故に、皆さんは自らの手で困難を克服する方法を見出してきたのです。

人生を後悔なく生きるためには、一体どうすればいいのか。それを実証してきた12人のエピソードを通して、私自身とても大きな道標を得られたように実感しています。

そして、この12人の情熱が読者の皆さまにも伝わり、「新たな道」へと漕ぎ出す勇気に、または「自分の道」を貫く熱意になってくれたのなら、これほど光栄なことはありません。

人生という道を決めるのは、他の誰でもない、自分自身なのです。

平成29年7月　　沖中幸太郎

# 01 川島良彰
## コーヒーハンター

# 世界を飛び回るコーヒーハンターの豆一粒への愛情とこだわり

「コーヒーのためにできることはすべてやる」――。世界中から厳選されたコーヒー豆を使って特別な一杯を届ける、株式会社ミカフェート代表の川島良彰さん。世界中の農園を渡り歩き、まだ見ぬ豆を求め世界を飛び回るコーヒーハンターになるまで、ずっと心にあったのは、幼い頃からのコーヒーの世界への憧れ。そして、それを実現するために持ち続けていたのは、「誰にも負けない行動力」でした。

**Profile**

かわしま・よしあき／コーヒーハンター
エル・サルバドル共和国ホセ・シメオン・カニャス大学、同国国立コーヒー研究所を経て、国内コーヒーメーカーで、世界各地のコーヒー農園の開発に携わる。2008年、ミカフェートを設立。海外のコーヒー農園を年間130日以上渡り歩く、コーヒーハンターとして活動している

## やりたいことをやるための努力は厭《いと》わない
## コーヒー農園で働くために書いた
## ブラジル大使館への手紙

**川島氏：**私は、コーヒー焙煎卸業者の息子として、静岡で生まれました。

協調性のない子どもで、勝手気ままに好きなことをやっていた記憶があります。そのくせ内弁慶で人見知りが激しく、幼稚園も退園させられるほどでしたね（笑）。

小学生になると、班活動でも好き勝手していたので、担任の先生から「川島君は一人で班をつくりなさい」と言われて、私もめげずに一人で点呼するなど〝班活動〟していました（笑）。

合唱のときも歌が下手だからと、声を出すのを禁止されたりして、まさに暗黒時代でした。今、カラオケで歌えないのもそのせいです（笑）。

**——それは、うんざりしちゃいますね。**

最新の焙煎器、独自の仕組みと技術、コーヒー豆一粒に至るまでの妥協なき姿勢で、〝最高の一杯〟はつくられていく

**川島氏：**もう学校生活もうんざりしてしまったので、身近だった憧れの世界「ブラジルのコーヒー農園で働きたい」と、ブラジル大使館に手紙を出しました。

一度目は返事が来ず、すぐに二度目の手紙を送ったら、「日本政府に相談してください」と返ってきました（笑）。親に内緒でしたから、見つかったときは大目玉を喰らいましたよ。

何かをやりたいと思ったら絶対に諦めたくない性格で、必要なことはすべてやろうとするんです。最高のコーヒーをつくろうと思ったら、何をすべきか。

「コーヒーのためにできることは、すべてやる」

それは今も同じですね。

## カトリック学校の夏休みに、お寺で修行!? 和尚さんが後押ししてくれた エル サルバドル行き

**川島氏**：中学・高校は静岡聖光学院という学校に進みましたが、そこで大きな転機が訪れました。父の幼友達が、沢庵《たくあん》和尚で知られる名刹《めいさつ》、品川の東海寺のご住職だったのですが、「どうせ夏休みは遊んでばかりだろう」と、高校一年生の一学期の終業式の翌日、父に連れられて東京に行ったんです。

そして、その東海寺で修行させられることになったんですよ。

6人の貧乏学生と一緒に寝食を共にしていました。朝5時に起きて、座禅、そのあと掃除、大学生による私への勉強レクチャーという毎日でした。

質素な生活をしていた和尚でしたが、お寺には方々からいただいたお酒がいっぱいあって、ある日、私はそこにあったお酒を調子に乗って飲んでしまったんです。

それが見つかって「飲むことは見逃せても、酔うことは許されない！」と叱責を

受けたのですが、そんな粋《いき》な言葉に惚れてしまった私は、高校の3年間の夏休み、冬休み、春休みと、ずっとそのお寺に修行に行かせてもらいました。

小学生のときからの「海外のコーヒー農園で働きたい」という夢は、親から「中学を出たら」「高校を出たら」と引き延ばされていました。でも、いよいよ高校卒業の段階で、父親の仕事で縁のあったエル サルバドルへ行けることになったんです。

実はそのときも、最初は「大学を出たら」と引き延ばされかけていたんです。このとき、和尚が「やりたいようにさせたらいい」と父を説得してくれて……。それもあって、晴れてエル サルバドルへ行くことができました。

「"海外のコーヒー農園で働きたい"という幼い頃の夢を後押ししてくれたのは、お寺の和尚さんでした」

## エル サルバドルに行ったけれども……。留学、勘当、西友アパレル時代

**川島氏：**ところが、それまで海外には行ったこともなく、飛行機に乗るのも初めてでしたから、搭乗してから不安で涙は出るわ、その状況を見た乗客から心配されるわで……。

でも、現地に到着してひと晩寝たら「こんなに景色が綺麗なところで、これから学ぶことができるんだ」とホームシックから一転、ワクワクしましたね（笑）。

**――ラテン系の血が流れていらっしゃる（笑）。**

**川島氏：**楽天的なのかもしれません（笑）。現地では、駐日エル サルバドル大使の妹さんのお宅でホームステイをさせてもらい、ホセ・シメオン・カニャス中米大学に通いました。

「東京の大学に行けば、遊びで身を持ち崩すだろう」という父親の思惑もあっての、

（そうならないための）エル サルバドル行きでしたが、ある意味当たってしまったと思います。

現地では、言葉を覚えるために友人をたくさんつくり、週末は夜な夜なパーティーに繰り出していました。

そもそもコーヒーの勉強をするための口実としての留学でしたから、途中から大学の講義にも出席しなくなり、勝手に直談判して入所させてもらったエル サルバドル国立コーヒー研究所で、コーヒー栽培の研究に明け暮れていたんです。

エル サルバドルにはトータル5年いたのですが、実は途中で、親に大学に行っていないことがバレてしまって……。2年半のカリキュラムが終わる段階で一度、日本に呼び戻されているんです。

**――ご両親はカンカンですね（笑）。**

**川島氏：**お金の問題もあり、仕方がないのでいったん日本に帰ったものの、もうすっかり家業を継ぐ気はなくなり、そのうち親とも喧嘩するようになり、ついに勘当されてしまいました。

どうしたものかと職を探していたら、ちょうど津田沼の西友ストアが中途採用を募集していたんです。そこで当面の生活とエル サルバドルへ〝帰る〟ための渡航費用を稼ごうと、応募しました。

大学も卒業していないしダメ元でしたが、多数の応募者の中からなぜか運よく採用されたのは驚きでしたね。

当時の津田沼は量販店と百貨店の激戦区で、私は期待を背負ってベビー服課女児服係に配属されました。午後5時から始まるワゴンセールのかけ声も、最初は恥ずかしくて言えませんでしたよ。でも後ろから係長さんに叱咤され、そのうちにいつの間にか独特の声で「いらっしゃいませ、いらっしゃいませ～」と言えるまでになりました（笑）。

その様子を、たまたま心配で見にきていた母と姉に目撃されて……、その場で泣かれましたね。

１日５００円で生活して、正月出勤など、お金を貯めるために仕事は一所懸命に頑張っていました。でも昼休みは屋上でコーヒーの本を読んで勉強していましたか

「再びエル サルバドルに渡航すべく、生活費は１日500円と決めて、あとはただひたすらお金を貯めるため、がむしゃらに働いていました」

ら、係長から「なにをやってるんだお前、アパレルのことを勉強しろ」って（笑）。

そこには1年半いましたが、そんな、どこか心ここに在らずといった調子でしたから、慰留されることもなく円満に（!?）辞めることができました。

## リベンジ！二度目のエル サルバドル内戦激化で銃撃され腰を抜かす

**川島氏：**お金を貯めて渡った二度目のエル サルバドルは、状況がうって変わっていました。内戦による治安の悪化で、留学当初500人ほどいた在留邦人も、その頃は数十人程度が残っているだけでした。

革命が起き内戦がさらに激化していましたが、コーヒーの栽培に関わっていることが楽しくて、自分は研究所に残っていました。

毎日、銃声と爆弾の音が聞こえる中で、だんだんと感覚が麻痺してしまいましたが、ある日、市内でテロに巻き込まれ武装集団に銃撃され、自分の30cm上を弾がビュンビュン飛んでいったときは、さすがに腰が抜けましたよ。

その後も、研究を続ける傍《かたわ》ら、内戦の取材に来られた筑紫哲也さんをはじめ、日本から来る報道関係者の通訳のアルバイトをして生活費を稼いでいました。でも、いよいよ実験区のある街も武装勢力に制圧され、避難のため米国ロサンゼルスに渡ることにしました。

## 「コーヒーのためにできることはすべてやる」パンチパーマでジャマイカ人になりきる

**川島氏**：その後は、ロサンゼルスで当時コーヒーメーカー「UCC上島珈琲」の会長であった上島忠雄さんとご縁があって、入社させていただくことになりました。そこから本格的に、世界の農園でコーヒー栽培に携わるようになりました。

生産責任者として、世界各国でＵＣＣの直営農園の開発に携わる傍ら、マダガスカル島では固有種マスカロコフェアの保護と低カフェインコーヒーを開発したり、フランス海外県のレユニオン島では絶滅したとされていたコーヒーの品種「ブルボン・ポワントゥ」の発見とコーヒー産業の復活を手掛けました。

「コーヒーのためにできることはすべてやる」つもりで活動しました。長らく搾取の時代が続いたジャマイカでは、基本、外国人は信用されませんでした。

でも、どうにかして彼らのコミュニティに入るために、「まずは外見から」と、パンチパーマにしたりしていました（笑）。それが功を奏してか、１０５０エーカー（東京ドーム90個分）の土地に３つの農園をつくることができたんです。

実はこのときも人生の大きな節目でした。開発担当から現地法人の社長となり、現地の役職者との会食が続き、農園に足を運べない時期が続いていたんです。

見かねた家族からの「初心を忘れたのか」という言葉にハッとさせられました。

それから会社を辞めて、持っているものをすべて売って、マイアミでキャンピングカーを買って中南米を目指し、その旅の途中で気に入った産地があれば、そこで農園を拓いて生活しようと決めたんです。

私の上司であった前述の上島さんからは、慰留という形でハワイ行きを打診されていたのですが、断るつもりでいました。


ところが1988年、20世紀最大と呼ばれたハリケーン・ギルバートがジャマイカを襲い、せっかくつくった農園も全滅し、住んでいた家も吹き飛ばされてしまったんです。


このときばかりは途方に暮れました。家族には避難のため、先にハワイへ行ってもらいました。

ひとりになり決心がついた私は、「もとの素晴らしい農園に戻そう」と、復興に取りかかりました。

マイナスからの出発でしたが、現地のスタッフの協力もあり「とにかくやるしかない」という気持ちで前に進むことができたんです。

もしこのことがなければ、今頃どこかの農園でコーヒー豆を栽培していたかもしれませんね。

**——コーヒーハンターとして独立しようと思われたのは。**

**川島氏：**やはり「コーヒーのためにできることはすべてやる」と考えた結果、畑の選別から栽培・収穫、そして精選加工。さらに輸送、保管、焙煎、包装までを一括して独自の基準で、一切の妥協なく、自らやることで、新しいコーヒーカルチャーを生み出したいと思ったんです。

そうして2008年、独立して現在の『ミカフェート』という会社を立ち上げました。

スペイン語で〝私のコーヒーの樹〟を意味するミカフェート（Mi Cafeto）。「コーヒーのためにできることはすべて一切の妥協なく、自ら新しいコーヒー文化をミカフェートで生み出したいと思いました」

## 至高の一杯を届けるためにミカフェートに込められた想い

**川島氏：**ミカフェート（Mi Cafeto）とは、スペイン語で〝私のコーヒーの樹〟を意味します。この名前には、お客さま一人ひとりに〝私の〟と思っていただけるコーヒーの樹を、1本でも多く育てようという熱い想いが込められています。

それは、私が探しまわって見つけた、選ばれたコーヒーの果実を育てる特別な農園に立つ、誇り高き1本の樹なのです。

世界中の生産者とコーヒーを愛する人々を結ぶ、至高の一杯を届けたいという想いで、私をはじめスタッフ皆で取り組んでいます。

私はコーヒーを「フルーツである」と言い、またよくワインとも比較します。70年代、私が日本を出た頃は、コーヒー業界が賑わいを見せる一方で、ワイン業界はデザートワインが主流で、レベルも高いものではありませんでした。

ところがその後のワイン業界は、産地、品種などが明確に分けられ、どんどん情報公開されて今の賑わいがつくられました。

一方のコーヒー業界は、もっともCSR（企業の社会的貢献）がしやすい世界だと思うのですが、それが不十分なままでした。

まだまだ伝えきれていないコーヒーの魅力はたくさんあり、私がやるべきこともまだまだたくさんあると思っています。


**——川島さんを「まだまだ」と動かし続けるパワーは、どこから湧いてくるのでしょう。**


**川島氏：**世界中の農園を訪ねていますが、行くたびに新たな発見があります。

今度ブラジルに行くのですが、そこの農園主から以前、「初めて日本人が来た」と言われました。ブラジルにおいてさえ、まだまだ知られていない場所があるのかとショックを受けました。

こうした終わらない発見が、私の好奇心を刺激し続けてくれているのだと思います。もっとコーヒーを知りたいという欲求が私を動かしていますが、「まだまだ」全然満足していません。

## 「魚の獲り方よりも、さらに捌《さば》き方を」コーヒーを通じて伝える真の国際協力

**川島氏：**栽培技師という職業上の技術だけでいうと、私より上の人はたくさんいます。では私の強みは何か。それは、さまざまな生産国の技術や品質、品種を知っていることです。

そして、生産国と消費国を知っていること。一般的に栽培技師は、自国のコーヒーしか知らないし、市場が何を求めているのか、今後どんなコーヒーが求められるようになるのか知りません。

生産国と消費国の架け橋となる。「適切に」繋げていくのが、私の役割であり、今の使命だと思っています。

そして、生産国と消費国の適切な関係でいうと「サステイナブルコーヒー（持続可能性に配慮し、現在だけではなく未来も考え、自然環境や人々の生活をよい状態に保つことを目指して生産・流通するコーヒーの総称）」の問題があります。

世界中のコーヒーの樹、畑、生産者に出会う旅を続けながら、皆さんに特別な一杯と、私なりの世界に対するメッセージをお届けしたいと思っています

サステイナブルコーヒーとひと口に言っても、「貧しい人から買ってあげましょう」というのは、貧しいままでいるという前提があり、適切ではないと考えます。

よく「魚をあげるより、獲り方を」と言いますが、そこに「捌き方を」伝えることで付加価値が生まれ、売ることができる。それが貧しさから脱却できる真の国際協力です。

これからも、私に出会うのを待っているコーヒーの樹と、畑と、生産者が世界のどこかにいると信じて、それを見つける旅を続けます。その活動を通して皆さんに特別な一杯と、私なりの世界に対するメッセージも一緒に発信していきたいと思います。

# 02 坂口　慶

## 絵本の読み聞かせ屋

## 夜の路上で始まった絵本の読み聞かせ「聞かせ屋。けいたろう」という生き方

全国各地で絵本の読み聞かせをする坂口慶さん。自身も絵本作家として活躍する坂口さんが、絵本を通して人と人をつなぐようになったのは、今から10年前。夜の路上から始まった絵本の読み聞かせ「聞かせ屋。けいたろう」。この前例のない生き方に辿り着くまで、自らの進むべき道を模索するなかで見つけたのは「目の前の喜びを大切にすること」にほかなりませんでした。

**Profile**

さかぐち・けい／聞かせ屋。けいたろう
短大の保育学科を卒業後、夜の路上で大人に絵本を読み聞かせる「聞かせ屋。けいたろう」の活動を開始。読み聞かせ、絵本講座、保育者研修会と、10年以上にわたり日本全国を駆け巡る。絵本を通じたエンターテイナーとして、幅広くその魅力を伝え続けている

## 歌手、イラストレーター、お笑い芸人、正義のヒーロー!?
## お調子者が見た「人を楽しませる」夢

**坂口氏：**僕は東京の出身で、練馬区の豊島園遊園地のすぐそばに住んでいました。幼稚園には年長の1年しか通っておらず、それまではたっぷりと父と母に遊んでもらって育ったんです。

母によると活発すぎて親を困らせる子どもだったそうですが、一方で絵を描くのも好きで、じっと集中して「いつかこうなりたい」と、幼児向け雑誌に登場するヒーローを模写していました。

当時は漫画の『名探偵コナン』や『幽遊白書』をよく真似て描いていました。そんな風にイラストレーターに憧れる一方で、目立ちやがり屋だったので、「とんねるず」のようなお笑い芸人になりたいと思ってみたり、やりたいことが山積みでした。

歌手、イラストレーター、お笑い芸人、果ては正義のヒーロー……。とにかく「人を楽しませること」に憧れていました

**——どれも、人を楽しませる仕事ですね。**

**坂口氏：**お調子者だったんです。自分の行動で人が笑ってくれることが快感でしたし。中学生になってからは、「LUNA SEA」や「L'Arc~en~Ciel」などのバンド音楽にハマり、そのまま高校では、軽音楽部に入って、自分もボーカルでバンドを組んで活動していました。

この頃の将来の夢は、「歌手になる」とはっきりしていて、毎日部室に込もって練習していましたね。

都立の進学校だったので、周囲は大学に進学する生徒が大半を占めていましたが、自分にはなんとなくためらいがありました。

今思えば青臭かったのかもしれませんが、大学に行くと、あとはもう就職しかないと思っていて、そのまま大人が決めたレールに乗せられそうで怖かったんです。

就職よりも「歌手になること」を優先した結果、大学には進学せず、親に頼み込んで新宿にあるミュージックスクールに2年間通うことになりました。

本当は「バンドを組んで歌手として全国デビュー」と華々しい夢を思い描いていましたが、なれなかったときが恥ずかしいので、「音楽を仕事にしたい」と、おおざっぱにボヤかしたりもしていましたけどね（笑）。

## 「歌手なんて勘違いだった」プライドと現実のはざまの苦しみから救ってくれた母の言葉

**坂口氏**：音楽を始めたのも人より遅く、何か楽器ができるわけでもないし、声域も限られていたので、「とにかく人一倍練習しなければ」と、意気込んでいました。

憧れた歌手のような高い音域で声が出せるようにボイストレーニングに励み、音楽理論もイチから勉強し直しました。

入学してから毎日、1日中練習室に込もっていましたね。「やればなんとかなるだろう」という、自信だけはあったんです。


ところが、やればやるほど見えてきたのは、華々しい未来ではなく「音程も取れない、思うように声も出ない」という現実。

自分の力の限界でした。誰に言われずとも、自分はプロにはなれないと悟りました。

「自分は何を勘違いしていたんだろう」って、唯一の取り柄だった自信も崩れかけていましたね。


大学に進学して将来に向かって着実に勉強しているまわりの友人とのギャップに悩み、

歌手なんて勘違いだったんです。力の限界を感じ、誰に言われずともプロになれないことはすぐに分かりましたね

あれほど好きで憧れていた音楽番組は、見るのも嫌になるほどでした。

目の前にある「挫折」という現状から逃げ出したい一心でしたが、自分から頼み込んで学費を出してもらっていた手前、なかなか親には切り出せず、いよいよつらさの限界に来たところで、ようやく母に泣きつきました。

**――はじめての、そして早すぎる挫折にお母様はどんな反応だったんでしょうか。**

**坂口氏：**それが、母からはひと言だけ、「いいわよ」って。

こちらとしては、「高い学費を払ってもらったからには、絶対に仕事につなげなければ」と意気込んでいたので、どうしてそんなに簡単に許してくれるのかを問うと、「なれると思っていなかったわよ。やりたいって言うからやらせたけど」と、あっさりと言われました（笑）。

その言葉は拍子抜けするほどで、そうだったのかと苦笑いをしながらも、母なりの優しさを感じ涙しました。

## 子どもと夢中で遊ぶヒーロー!?
## 一所懸命やりきった先に見えた「保育」との出会い

**坂口氏：**歌手を目指してからたった半年での挫折でしたが、母に悩みを打ち明けたことで肩の荷が降り、それからは開き直ることができました。

ただ、友人たちから「音楽辞めたんでしょ」と言われたくなかったので、個人レッスンに切り替えたんだと言い訳し、体裁を取り繕っていました。

それぞれ着実に自分の道を進んでいるように見えた友人たちの姿が、僕には眩しすぎたんです。

そういうわけで、逃げ道をつくったものの、現状は何も変わっていないことに内心焦っていました。

大学へ進んだ同年代の友人と比べて「あと3年しか残されていない」と。将来どのような道に進むのか……。

そのとき思い浮かんだのは、子どもたちと嬉しそうに話す父の笑顔でした。子どもも好きだった父の嬉しそうな姿を思い出し、「子ども」というキーワードが思い浮かんだんです。「子どもと関わる仕事はどうだろうか?」と。

それが接客業だったとしても、お客さんとの距離感がぐっと近い仕事をしたいと望むようになりました。

**――「次」の道が、少しずつ見えてきましたね。**

**坂口氏：**いつまでも挫折している暇はなく、アルバイト情報誌を片っ端から読みあさっては、必死になって子どもを相手にする仕事を探していました。

ある日、浅草にあった『ウルトラマン倶楽部』という子ども向けのテーマパークの募集を見つけ、「これだ!」とすぐに応募しました。

『ウルトラマン倶楽部』は、「浅草ＲＯＸ」という商業施設の中にあり、ジャングルジム、軽食、ショップ、ショーが行われるステージなどがある、割合規模の大きな施設でした。

子ども好きだった父親の姿に影響を受け、子どもを相手にする仕事へ。アルバイト情報誌を片っ端から読みあさっては、必死に仕事を探していました

そこではショップコーナーを経て、子どもたちとより触れ合えるジャングルジムへと希望通り配属されました。

当時、ジャングルジム担当は女子だけという決まりでしたが、僕の熱意が伝わり、男子ではじめてのジャングルジムの担当になることができたんです。

3年という残された時間で、できるだけ多くの職業を経験したいと思っていたので、仕事は1年限りで辞める予定だったんです。でも、いろいろな仕事を任されるようになって、リーダーとしての役割も与えられて、気づけば2年が過ぎてしまいました。

**――リミットは、あと1年……。**

**坂口氏：**充実していましたし、周囲の人間関係もよく、辞める理由はなかったのですが、最後の1年間ということで焦っていました。

そんな焦りから「別の仕事も経験してみたい」と考え、退職することを店長に相談すると、「何も決めないで出て行くのは許さん。次に何をするのか、ここで少しでもヒントを見つけてから次に進め」と、厳しくも優しいアドバイスを受け、それを見つけるまで働くことになったんです。

僕はジャングルジムだけでなく、ショップコーナーでも子どもたちと一緒になって床を転げ回って遊んでしまうような店員で、レジが混んでいるのも忘れるくらい夢中になっていました。

子どもと一緒にいた母親からは「こんなに夢中で遊んでくれてありがとう」「保育園にもこんな男の先生がいたら」という声を、いただいたんです。

「そうか、保育園の先生になれば子どもたちと密に触れ合うことができる」

残り1年でようやく見えてきた将来の道。子どもの近くにいて、子どもと一緒に成長する「保育士」という存在を初めて意識し、その道に進むことを決めました。入学するまでの1年間は、バイト先の店長のご厚意で塗り絵や手作り工作をする『ウルトラ教室』の先生として働きながら、学費を貯めて次の道に備える毎日。
そして同年代が大学を卒業する頃になって、ようやく保育学科のある短大に入学することができました。

## 子どもたちに教えてもらった人を喜ばせる仕事に必要なたった一つのこと

**――ようやく自分の道を歩めるように。**

**坂口氏：**ところが、ここでもまた大きな挫折を味わうことになりました。
短大なので1年生の終わりには、附属の幼稚園での実習が始まります。たくさんいる園児たちの行動すべてを把握し、一人ひとりの体調の変化にも気を配りながらという現実さながらの実習は、脱落者が出るほど厳しいものでした。

僕はまわりの学生に比べて年上ということもあり、また熱意も人一倍あったはずでしたが、子どもたちに対する責任感、プレッシャーに立ち向かえるほどには成長できていなかったんです。

アルバイトでの実績もあったし、自分では適性があると思っていただけに、相当なショックでした。とはいえ、一度音楽で挫折しているので、もう別の道もつくれず、お先真っ暗で……。

この頃は悪いことが重なった時期で、通っていた運転免許の合宿では、運転してもダメ、ブレーキもダメ、坂道発進すらできない。

申し込んだのはマニュアルコースでしたが、教官に「今の僕には無理です。オートマ限定に切り替えてください」と半ベソかいてお願いする始末でした（笑）。

この頃の僕は、常に泣きそうな顔をしていましたね。

ステージショーのアルバイトもうまく行かず、四面楚歌のような状態でした。

それまで僕は、何でも器用にできると思っていましたが、これ以上できないと思ったところまでやって、あとは逃げていただけなのではないかと考え、自信をなくしました。

　どれ一つ、最後までやりきっていなかった。自分なんかまだなにもしちゃいない……。

　今までだったら、また体裁を繕って逃げていたかもしれません。けれど、「今置かれた状況の中で、できることをやり切ってみよう！」と、今度は逃げずに前に進むことを選ぶことができました。

　ハードなことに変わりはありませんでしたが、毎日の気づきや成長記録をノートに記すようになり、「今日があってよかった」と書いては、自分を励ます。

　その繰り返しで、なんとか辞めずに、２年目を迎えることができました。

短大の幼稚園実習時代は、つぶれそうな毎日の中で「今日があってよかった」とノートに記し、自らを鼓舞していました

**――やりきると決めた2年目、状況はどのように変化したのでしょう。**

**坂口氏：**大きな変化があり、またそれによって子どもたちから、その後の道に進むための大切なことを教わりました。

2年目の実習は、工作などマニュアルのあるものばかりを実習科目に選んでいた1年目とは大きく変えて、せっかくなら自分の好きだった音楽を活かそうと、自分からお願いしてギターを演奏したんです。

結果は大成功で、子どもたちもリズムに乗って一緒に楽しんでくれました。そして、子どもたちのキラキラした笑顔を見て、自分も笑顔になっていることに気づいたんです。「自分が楽しんでいないと意味がない」と。

それまでは、ツライ、苦しい、どうにかしてそこから逃げたいという心が、どこかで子どもたちにも伝わっていたんでしょう。「先生、楽しくないの？」と言われたこともありました。

子どもはちゃんとわかっているんですね。それからは、自分が楽しめることから始めようと思えるようになったんです。

## 女子高生の涙に促され、自分の声に従った路上で生まれた「聞かせ屋。けいたろう」

**坂口氏：**子どもたちの笑顔から「自分が楽しむことの大切さ」を教えてもらい、それからようやく持ち直しました。

今までは、何かに失敗することが怖くておよび腰だったことも、「やりたいことはやり切る！」と心持ちもポジティブに。

ずっとやりたかったことの一つに、「絵本の読み聞かせ」がありました。恩師である佐藤先生という方が、学校で僕たち学生相手に絵本を読んでくれる時間があったのですが、それがとても印象深かったんです。

僕だけでなく、皆その時間を楽しみにしていて、「絵本を大人に」というのはありだと、そして自分もいつかやってみようと、機会をうかがっていました。

ある日、古本屋でとても素敵な絵本に出会い、将来保育で役に立つかと思って買ったんです。

そして、その足でふらっと立ち寄った図書館で、さきほど買った絵本が「いい絵本100選」に入っていたのを目撃し、嬉しく思いました。

そのまま絵本のコーナーを見ると、佐藤先生が読んでくれた絵本がずらりと並んでいたんです。「これらの絵本なら、内容は知っている。昔でいうところの紙芝居屋さんのように、今晩、この絵本で読み聞かせ屋をやってみよう」と考えました。

**——以前やっていた路上と、ずっとやりたかった絵本の読み聞かせが繋がりました。**

**坂口氏：**路上で音楽をやっていた頃の経験から、人通りが多い場所は知っていたので、選んだ場所は北千住駅前にある店舗のシャッター前。

「音楽と違って、絵本の読み聞かせは珍しいから足を止めてくれるだろう」という密かな期待もあり、ぞろぞろと人が集まってくれることを期待しながら、本を並べていました。

夜の路上から始まった『聞かせ屋。けいたろう』。最初の頃は恥ずかしさで頭の中が真っ白になりました

人通りも多く、「読みは当たった！」と喜んだのも束の間、肝心の僕の読み書かせを聞いてくれる人は一人も現れず、通行人からは怪訝そうな目で見られたり、声をかけてくれる人も「（並べた本を見て）これ売っているの？」と勘違いされたりと、散々でした。

またしても予想外の結果でしたが、とにかく誰かひとりでも聞いてくれる人が現れるまでは帰らないと決め、ひとりで誰も相手のいない「読み聞かせ」を始めました。

恥ずかしさで頭の中が真っ白になっていたので、どのくらいそこにいたのかわかりません。ずっとスルーされる中で、ふたりの足が僕の目の前に止まりました。

顔を見上げると、目の前にいたのは、子どもでも大人でもない、見た目がド派手なギャル風の女子高生。

「ねえ、なにやってんの？」と言われ、僕はしどろもどろに事情を説明しました。そのうち、「へー、じゃあ私たちに読んでみてよ」と、まさかの展開に。「なんだ、つまんねーじゃん」なんて言われるんじゃないかと、内心不安でしたが断るわけにもいかず、恐る恐る読み始めました。

はじめてのお客さんを目の前に、一所懸命に心を込めて最後まで読み終えたのですが、彼女たちから返ってきたのは、意外にもまわりの足音をかき消すほどの大きな拍手でした。

それから求められるままに、2冊、3冊と読み進めていったのですが、そのふたりは飽きることなく「次、次」と頼んできたんです。

ひとりが「そろそろ行かなきゃいけないから、最後にこれ読んでよ」とリクエストしてきたのが、『かわいそうなぞう』（金の星社）でした。

悲しいお話なので、僕は読むことを躊躇していたのですが、その女子高生が小さい頃に読んでもらっていたものだということで、懐かしい絵本に再会してもらうのも聞かせ屋の仕事だと思い引き受けました。

戦時中における上野動物園の飼育員さんの葛藤、そして悲しい結末。

読み終えると、それまで聞こえていた拍手がなく、シーンとしていました。「やはり悲しい絵本を読むべきではなかったかな？」と思いながら2人の方に目をやると、2人はまわりに気づかれないように、溢れる涙をそっと拭っていたんです。

ピンと張った空気。人通りの多いその場所

「絵本の読み聞かせ」の最初のお客さんは、ギャル風女子高生の2人。恐る恐る『かわいそうなぞう』を読み終えると……

で、女子高生たちと僕の3人だけが別の世界にいるようでした。

その瞬間、僕は絵本の読み聞かせで気持ちが届いたことを実感しました。

「誰もやらないことを、自分がやろう」

ギターを絵本に持ち替え、昔ストリートでやっていた場所で絵本の読み聞かせが始まりました。２００６年の10月14日の午後9時半。今から10年前のことです。


**――いろいろな挫折を乗越え、ようやく「聞かせ屋。けいたろう」が誕生しました。**


**坂口氏：**まだ、乗り越えなければいけないことがありました。

実習も無事終わり公立の保育園の採用試験にも合格していたので、「その夜」まではまわりはそのまま就職すると思っていました。当然です。

ところが突然、「保育園の先生ではなく、絵本の読み聞かせで生きていきたい」とまわりに話したので、皆は驚き、口を揃えて反対したり、道を見誤ろうとする僕を説得したりしてくれました。

「保育園に就職して、空いた時間に読み聞かせをすればいいじゃない」。その方が

「正しく」「楽」な道なのは、頭ではわかっている。けれど、心にひっかかるのはあ
の女子高生たちとの時間。
自分の迷いに決着をつけるため、あてもなくふらふらと向かったのは、『かわい
そうなぞう』の舞台だった上野動物園。
動物に、「どうしたらいい？」なんて語りかけても、もちろん返事は返ってくる
わけもなく、僕はまた、あのバイト先の店長に相談しました。

携帯から聞こえる店長の声は、なんだそんなことかと言わんばかりに明るく、
「お前もう決まってんじゃん？　やりたいことやれよ！」と、とてもシンプルな言
葉が返ってきました。
そこで僕は一気に涙が溢れ、迷いは完全に消え去りました。本当は、この言葉が
欲しかったのかもしれません。

「今日から動き出さないと」と、その足で上野動物園の投書箱に決意表明として、
路上での読み聞かせのエピソードと、それをいつか聞いて欲しいと、お願いを出し

ました。

母親には、出勤前の慌ただしい時間に説得することに。時間が足りなかったので、一緒に家を出て電車に乗り、職場の一歩手前までずっと一緒についていきながら事情を説明したら、最後に「もうわかったから、ついてこないで」と、なんとか納得してもらって（笑）。

こうして、後押しと理解を得て、最後に自分の声に従って、ようやく「聞かせ屋。けいたろう」はスタートすることができました。

## 「ゼロの距離」で触れ合える幸せをずっと大切にしたい

**坂口氏：**この10年間、いろいろなことがありました。今では全国を巡って読み聞かせ公演をしていますが、始めた頃は公演も、月に2回入っているかどうかで、仕事にならず不安だらけの毎日。

けれど、「やめよう」とは一度も思わなかったですね。不安になったときは、自分がステージにいることで喜んでくれる人がいることを思い出すんです。

目の前の人が喜ぶ姿を見ることが、僕のエネルギー源。それが自分の喜びへと変わるとき、最高の幸せを感じます。僕の役割は、絵本を通して人をつなぐこと。親と子ども、先生と子どもたち、読み手と聞き手がつながるのは絵本の素晴らしいところで、他の読書では味わうことができません。

今まで、いろいろな寄り道をして失敗も挫折もしてきました。今もその途中だと思っています。

けれど、どれも「聞かせ屋。けいたろう」の活動につながる欠かせない道だったと、今では思います。

これからも絵本を広めるために、この道を進みます。

そして絵本を通して親や子どもたちと接しながら、今までと同じように「ゼロの距離」で、その素晴らしさを広めていきたいですね。

03
江川悦子
特殊メイクアップアーティスト
特殊メイクのパイオニアとして
活躍し続けてきた、試行錯誤と挑戦

誰もが知るあのハリウッド映画から、邦画、テレビ番組、CMまで、あらゆる特殊メイクを手がける、特殊メイクアップアーティストの江川悦子さん。夫の転勤で渡米し「ある映画」に衝撃を受け、この世界に足を踏み入れた彼女。持ち前の探究心と好奇心で、ゼロから志した「世界屈指の特殊メイクアップアーティスト」の道。試行錯誤の道を応援し歩ませ続けたのは、自ら設定した「ハードル」でした。

**Profile**

えがわ・えつこ／特殊メイクアップアーティスト
京都女子大学短期大学部家政科を卒業後、文化出版局『装苑』の編集職を経て、渡米。偶然見た映画の影響で、特殊メイクの世界の門を叩く。数々のハイウッド映画制作にスタッフとして参加。帰国後、日本の特殊メイクアップ・特殊造型分野のパイオニア的存在として活躍し続けている

## 「外の世界を見てみたい！」田舎から〝飛び出すためのロードマップ〟

**江川氏：**私は徳島の出身で、小さい頃はおとなしい性格でした。元来はおてんばで野山を飛んだり跳ねたりしていましたが、父が高等学校の教師だったこともあり、周囲の大人たちの目を気にして「いい子にしていなきゃいけない」という気持ちが、少しブレーキをかけていたように思います。

気遣いをする子ども、親の敷いてくれたレールを進んでいく「いい子」でした。兄と弟がいるのですが、女の子は私ひとりだったので、母は常に身のまわりに置いておきたいという感じでしたね。

**――親が敷いたレールを進む「いい子」が、どのようにして「外の世界」へ飛び出していったのでしょう。**

**江川氏：**「いい子」だった私の心の中が「外の世界」へと向きはじめたのは、親の期待からの反動だったのかもしれません。だんだんと外の世界を見てみたいという

幼い頃から憧れた外の世界。田舎から外の世界に飛び出すためのロードマップを、年齢とともに少しずつ具体的に描くようになっていったんです

気持ちが表に出てくるようになりました。

転校生がやって来ると、その話にウットリしながら、「私の家も転勤族だったら」と憧れていました。その頃の夢は、世界を飛び回る「カメラマン」(笑)。

そこから「どうしたら外の世界を見れるだろう」と、少しずつ具体的に「外の世界へのロードマップ」を描くようになっていきました。


まずは四国から出ようと「近いからいいじゃない」と、半ば強引に親を説得して、京都女子短大の家政科に進んだのが最初のステップでした。

家政科に興味があったわけではなく、「花嫁修業」を連想させ、いつか徳島に戻ってくることを期待させていたんです（笑）。
京都では寮生活でしたが、高台寺《こうだいじ》の近くの甘味処でアルバイトをしたりと、学生生活を楽しんでいましたよ。何事も経験という意味で楽しかったですね。
そのまま短大を卒業すると同時に就職する流れでしたが、高校時代にファッション雑誌『装苑』を読んで、服飾の世界で生きていきたいと思ったこともあり、今度は「あともう少し、学びたい」と。
そこでまた親を説得して、東京にある文化服装学院に進みました。

**――徳島からどんどん離れていっています……（笑）。**

**江川氏：**ロードマップ……。目論み通りなんです（笑）。東京には兄がいたので、両親もしぶしぶ承諾してくれたのでしょう。
東京では板橋区の大山《おおやま》という場所で下宿していました。一階に住んでいた大家さんの子どもに、学校の課題も兼ねて上下のツイードのジャケットをつくってあげて、喜ばれたのを覚えています。

2年間好きなことを学んだ結果、憧れていた『装苑』を発行する文化出版局に、

〝目論み通り〟就職できました。

入社試験はラッキーなことに、自分の知っていることばかり出て、レポートも「友について」がテーマですらすら書けました。『装苑』以外は受けていなかったので、落ちていれば全く違う仕事をしていたのかもしれません。


『装苑』では、まわりから一番厳しいと噂の先輩についていました。

その方は、大声で怒鳴ったりしないかわりに、静かに、かつ的確に指摘される方でした。

さらに、「〜になっているけど、あなたはそれでいいの?」と、ただダメ出しされるだけでなく、それを受けてどうするか、「自分で考える力」を身につけさせてくれた「厳し

『装苑』新人時代は、周囲から一番厳しいと噂の先輩について、たくさんのことを学ばせてもらいました

い」先輩でした。

私も多々注意を受けることがありましたが、元来の性格も手伝って「ミスが起こったことは仕方がない、次にどう活かそう」と、あまりその「厳しさ」を意識することなく働いていました。

周囲から「大変ね」などと言われていましたが、「まだお給料出ていないんでしょう」と、お昼をご馳走になったり、最後は「同じ星座なんだね」と話すほど仲よくしていただいた思い出のほうが多いですね。

そうして少しずつ仕事も覚えていき、プライベートでも結婚して「公私ともに順調」と、ここまではロードマップ通りでした。

## 目論み通り(!?)の人生に突如舞い込んで来たアメリカ生活

**江川氏：**ところがある日、夫から「転勤になった」と言われ、今まで描いていたロードマップ通りの人生が、大きく変わりはじめました。

夫は、映画会社に勤めていたので、転勤なんて商社や金融関係だけの話と思っていました。「九州なの？　東京から遠く離れるの？」とのんきに構えていたら、行き先は「アメリカ、ロサンゼルス」……。

**――徳島、京都、東京……今度は日本の「外」へ。**

**江川氏：**さすがに「アメリカ」はロードマップにはありませんでした（笑）。

私の仕事も、編集者としての学びが仕事に活きてくる頃で、やっとページを担当できるようになり、これからというときでしたから迷いもありました。

結局、昔から抱いていた「外の世界への憧れ」が勝り、そのうち「よくよく考えれば会社のお金でアメリカに行けるなんて、いい機会だ」なんてノーテンキに考えるようになり、夫についていくことにしました。

それまで、仕事にのめり込んでいた私は、住むことはおろか旅行でも日本から出たことがなく、このときはじめてパスポートを取得したんです。

成田を飛び立ったとき、雨上がりで箱庭のような農村の風景に「綺麗だなぁ」とただ眺めていましたね。遠ざかる日本を眺めながら、これから出会う「ロードマップの外」の世界に、ただただワクワクしていました。

## 絶対的な目標だった「手に職」と「女性の自立」

**江川氏：**さわやかで、暑くて、パームツリーと真っ青な明るい空、『It never rains in California』を地でいくようなロサンゼルスの街。当時ビバリーヒルズ以外はジーンズとTシャツで、そののどかさにすぐにとけ込めました。

結婚してからずっと共働きでしたが、そのときはじめて「主婦」をしたんです。ただ、毎日家に込もっても仕方ない（というより我慢できない）ので、ＵＣＬＡの外郭団体が行っている英会話教室に通うようになりました。

**——アクティブな主婦業ですね（笑）。**

〝女性は自立していないといけない〟という、絶対的な人生の目標が、心の中にずっとあったんです

**江川氏：**主婦という自覚がなかったのかもしれません。いずれは、日本に戻って仕事をする必要があると思っていましたしね。

でも、自分が日本に戻る頃には30歳を超えているだろうし、そのときまでに「手に職」をつけておかなければと考えていました。

私はとにかく好奇心が旺盛でしたから、気になるところにはすぐ飛び込んでいきました。宝石鑑定士や健康食品を取り扱う仕事も覗いてみたりしましたね。

この「手に職を」という意識は、若くして夫を亡くした叔母の苦労を見ていたからでした。「女性は自立していないといけない」という、絶対的な人生の目標が、心の中にずっとあったんです。

## 私の人生を変えた、「狼男」との出会い

**江川氏：**そうして「手に職」を探しながらのアメリカ生活も一年を過ぎようとしていたある日、思いがけない場所とタイミングで、その後の運命を変える大きな衝撃を受けることになりました。

夕食後、いつものように車で近所の映画館へ向かいました。「英語の勉強にもなる」と、映画を観るのが習慣になっていたんです。

そのとき上映されていた映画が『狼男アメリカン』（原題：An American Werewolf in London）でした。

そこで見た「人間が徐々にオオカミに変身していくシーン」……。最初は普通に娯楽映画として楽しもうと見ていたのですが、その特殊メイクの素晴らしさに私は大きな衝撃を受けました。

こうして話している今でも、鮮明に覚えています。

「私のやりたいことはこれかもしれない――」

**――まさかのタイミングでの「人生の転機」の予感。**

**江川氏：**「予感」は興奮の中で「確信」に変わりました。「これだ！　私はこれがやりたい！」と、興奮冷めやらぬまま特殊メイクを学べる学校を調べ、そのまま勢いにのって、ハリウッドにある「Joe Blasco Make-up Center」という専門学校に進んでしまいました。

## 飛び込んだハリウッド・特殊メイクの世界「次の仕事」を報酬に、新たなステージへ進む日々

**江川氏：**学校にはいろいろなバックグラウンドを持った幅広い年齢層の学生が集まっていたので、いつでもチャレンジはできるんだという、いい刺激になりました。

一方で、学生の年齢層は広かったものの、外国人はさほど多くはなく「言葉の壁」には苦労しましたね。

実習の方は、「見よう見まね」で何とかなったのですが、講義の方はテキストがないので、専門用語が聞き取れなければ、すぐにアウト……。何を言っているのか分からず苦労しました。

同じ外国人のクラスメイトだったフランス人の女性と授業を録音して、あとで聞き返してみたり、なんとか授業についていこうと必死でした。

でも、学校側から「授業の録音は禁止」と言われたときは、どうしようと思いましたよ。それでも、その子とわからないところを補い合って、励まし合いながら、なんとか無事に卒業できました。

**――いよいよ特殊メイクアーティストの道がスタートして……。**

**江川氏：**という風に順調にはいかず、最初はすぐに仕事があるわけではありませんでした。当時も今も作品集（ポートフォリオ）をつくって、自分で売り込み活動をするのが当たり前の世界でした。

特殊な世界で、さらに外国人ですから、じっと黙ったままでは仕事を得ることはできません。映画会社勤務だった夫も、この世界とはまったく無関係ですし、それを頼りにしたくはありませんでした。

電話がダメなら直談判。「熱意だけは誰にも負けない」と、あちこちのスタジオや個人の工房に乗り込みました（笑）。見た目も幼く、ティーンエイジャーズと呼ばれていた私たちでしたが、特殊メイクの世界は当時女性が少なかったこともあって、珍しがられ、無給の実習生として「そこで好きなモノつくっていいよ」と。

そこからキャリアがスタートしました。

スプラッター映画をつくるスタジオでしたが、なんの期待もされていなかった自由な身分で、私は映画を見て前からつくってみたかった『E.T』の指をつくったりしていま

自分の腕ひとつで切り拓くのが当たり前の、特殊メイクアップアーティストの世界。職探しも電話がダメなら直談判。〝熱意だけは誰にも負けない〟と、あちこちのスタジオや個人の工房に乗り込みました（笑）

した（笑）。

なにげなくつくっていた「作品」を見ていただき、「やっぱり日本人は手先が器用だね。そんなのできるなら、これやってみる？」という風に、少しずつ認められ正式に採用されました。

それからは、同じような仲間から情報をもらい『メタルストーム』『砂の惑星／デューン』『ゴーストバスターズ』『キャプテンＥＯ』など、次々とプロジェクトに参加させていただきました。

ＳＦＸが伸びていた時代で、全米から、後に有名になるいろいろな人たちが集まっていた活気のある時代でした。

仕事が認められて、それが次の仕事を呼ぶような感じで、さまざまなスタジオで仕事をさせていただきました。「呼ばれれば、そこで精一杯やりきる」。

もう、夢中で仕事に励みました。

結局アメリカには6年半いましたが、最後の1年は、私が特殊メイクの仕事を始めるきっかけになった映画、あの狼男の変身をクリエイトしたリック・ベイカー氏の工房で仕事をさせてもらったんです。

念願かなって、まさに天にも昇るような気持ちでしたね。

## 特殊メイクのパイオニアとして「成果を見せない」仕事で続けてきた試行錯誤と挑戦

**江川氏：**夫の帰国とともに日本に戻ってきたのが、1986年。アメリカで学んだ特殊メイクの技術を「手に職」とし、日本でも活かしたい——。

そこで、夫の職場でもあった日活を紹介してもらい、交渉を重ねてスタジオの一角を借りることができました。

こうして『メイクアップディメンションズ』という会社は、なんとか船出することができました。

三國連太郎さんの映画『親鸞　白い道』で生首をつくったのが、日本での最初の仕事でした。作品の出来は、今思うと「そのときのベストはこれだったんだなぁ」という感じでしたね。

その後は、ご自身も特殊メイクの世界に興味を持っておられた伊丹十三監督とのお仕事で『マルサの女2』の特殊メイクのお仕事もやらせていただきました。

特殊メイクといってもホラー映画とは違っていて、役者さんのキャラクターをつくるという仕事でした。「(特殊メイクを) やっているかどうか分からない、あえてすごさを見せない」ものでした。

今でも「明らかに、特殊メイクと分かる仕事」は数えるほどで、ほとんどは「見せない」ほうの仕事です。

坊主頭のメイクも、うまくいけば本当に役者さんが頭を丸めたんだと思っていただけます。「見えないことが成果になる」。試行錯誤した成果が、映像で見えないことで報われる仕事なんです。

その後、日本映画界を代表する「巨匠」と呼ばれる方から、新進気鋭の監督の作品まで、あらゆる映画、テレビ、CM作品の特殊メイクを担当させていただくようになったんです。

自分がこれだと思ったものに、少しでも手応えを感じることができれば、あとは静かにやり続けるのみだと思っています

北野武さんのように、実際に特殊メイクの体験をしていただく過程で、お仕事をご一緒させていただくようになった方もたくさんいます。

## 未来のライバルとともにハードルを越えた先にあるもの

**――衝撃的な転機から、今も特殊メイクのパイオニアとして走り続けられています。**

**江川氏：**はじめは、「実験工房」と呼ばれていました（笑）。でも、自分がこれだと思ったものに、少しでも手応えを感じることができれば、あとは静かにやり続けるのみだと思っています。

実は日本に帰国した後、再び2年間、夫の仕事で再度渡米していたんですが、帰国後にバブルが崩壊して、仕事が激減したこともありました。

そのときも「やっていれば、何かが変わる」「くよくよしている暇があったら前に進もう」と、動くことをやめませんでした。

父方の祖母から受け継いだ、小さい頃からずっと持っている性格ですね。目の前のことはすべて、次の道へのステップだと思って楽しんできました。

今でも、「努力はいずれ血となり肉となる日が必ず来る」と思っています。

**——そうして、また自ら上げたハードルを飛び越えていかれるんですね。**

**江川氏：**今年（２０１７年）の11月で36年を迎えますが、新たな挑戦、ステージで頑張っていこうと思っています。

中国では、60話くらいある大河ドラマのお仕事のお話もいただいたりしています。私は、新しい取り組みにワクワクしていて、最近ではいくつかの中国語の単語も覚えて、通訳なしで現地のメイクの子たちとご飯を食べにいったりするんですよ（笑）。

新しいところに飛び込んでいくのは、今でもワクワクしちゃうんです。国が違えば勝手も違うけれど、逆にクリエイトに携わる人間同士の共通項も見えてくる。それに、そこから学ぶことも多いんです。

これは私が講師を務めている東京ビジュアルアーツの生徒にも、会社のスタッフにもいつも言っているんです。「クオリティを下げてしまえば、すぐにライバルに追いつかれてしまうよ」って。

違う国の未来のライバル、とっても楽しいですよ。

次の40年、50年と今後の大きな「使命」や「展望」みたいなものは描ききれていませんが、こんな風に楽しみながら、ハードルを跳び超え続けていきたいですね。

クオリティを下げてしまえば、すぐにライバルに追いつかれてしまいます。だから、楽しみながら、自ら課したハードルを跳び越え続けています

# 04 春風亭一之輔

落語家

## “好き”を極める中で見出した
## 独自の「ハマり力」と「やわらかい軸」

「待ってました！」――。客席からのかけ声に応え、古典落語を中心に、いつの世も変わらない、人間の悲喜交々を魅せてくれ、観客を人情溢れる世界へすっと引き込んでくれる、落語家の春風亭一之輔さん。入門から 15 年。「正直、辛いと思ったことは一度もない」と語ります。真打ちへの「異例の昇進」とされる活躍の裏には、好きな道を進むための天性の「ハマり力」と「やわらかい軸」がありました。

**Profile**

しゅんぷうてい・いちのすけ／落語家
高校時代、浅草演芸ホールで「落語」に出会い、この道へ。日本大学芸術学部放送学科を卒業後、春風亭一朝の元に入門。前座から二ツ目、真打ちと異例の昇進で活躍。テレビやラジオ出演、書籍の出版などさまざまなシーンで落語の魅力を発信し、裾野を広げている

## 気が小さすぎる少年が人前で笑ってもらう落語に出会うまで

**一之輔氏：**入門してからの15年間も、それ以前も、私は「血のにじむような努力」というのをしたことがなく、小さな頃からずっと、マイペースで自分の好きなことを見つけ、勝手にハマりながら進んできました。

私には、年の離れた姉が3人いまして。一番上はひとまわりぐらい違っていて、それからだいぶ離れて自分。

7年越しの男の子誕生とあって、家族からはチヤホヤ（されていたと聞いています）。遊ぶときは、だいたいお姉さんと一緒といった具合で、家の中で、「4人の母親」と親父に優しく育てられた甘えん坊でした。

今でこそ、黙っているだけで「しかめっ面」と言われる風貌になってしまいましたが、そもそもの私は非常に繊細といいますか、昔っから気の小さい奴でした。

昔っから気の小さい奴で、人前で話をするどころか、なるべく目立ちたくないと、いつもビクビクしていましたね

**――人前でお芝居して話すような性格ではなかった。**

**一之輔氏：**人前で話をするどころか、なるべく目立ちたくないと、いつもビクビクしていました。

それなのに、小学生になった初日。ピカピカの机と椅子を前に、先生から「大切に使いましょう」と言われた椅子を壊してしまったときは、相当なストレスでしたね。「起立、礼、着席！」の号令の、最初の「起立！」のときに、ほつれていたズボンを椅子に引っかけて、ベリベリ！ っと。

椅子の合板部分が剥がれてしまったのですが、慌てて何事もなかったかのように取り繕い、誰にも見つからないようにずっと隠し通しました。1年間（笑）。

**――そこまで気にすることはないだろう、って。**

**一之輔氏：**今でもカミさんに言われてますよ、「細かい」って（笑）。そういう気が小さすぎる性格でしたが、小学4年生のときにはじめて人前でウケたことがありました。

げんこつは当たり前の、ものすごく怖い男の先生が担任だったんですが、「クラス全員に1分間スピーチをやらせる」という、自分にとっては地獄のような時間があったんです。

無理矢理しゃべらされた内容は他愛もないことで、オチは「オナラをしました」とか、ありきたりな話だったと記憶していますが、なぜか大ウケ。

そのとき初めて人前でウケる快感と喜びのようなものを感じました。

**――それで落語家を意識するようなことは……。**

**一之輔氏：**事故みたいなもんでしたし、落語という存在も知らなかったので、それはありませんでした。ただその「事故」のおかげで、人前で話すことは、さほど苦にならなくなっていました。

その頃、なりたかったのは学校の先生。日本の歴史や三国志に興味があったので、歴史を教える社会科の先生になろうと思っていたんです。


落語との最初の出会いは、その翌年。小学校高学年に始まる「クラブ活動」で「落語クラブ」を選んだことがきっかけでした。

ただこのときも、人が大勢いるところは嫌だったので、なるべく少人数なところ、「サッカーは11人以上いるし、将棋は個人プレイで目立ってしまうから」という消去法で選んだものでした。

ラジオに落語に、ラグビーに。なんでもチャレンジするし、ダメなら別の道を考えるという〝やわらかい軸〟のようなものが、自分の中にありました

なにか演目を覚えてやっていたんでしょうが、上下《かみしも》も気にせず、どこに向かってしゃべっていたのかも分からない、めちゃくちゃな「落語」でした。

## ラジオにハマる　スポーツにハマる
## 但し、「厳しいのはご勘弁」

**一之輔氏：**中学生になると、落語からはいったん離れ、代わりにハマったのが、当時、家で内職していた親が何気なく流していたラジオ。

テレビと違って、自分だけに話してくれているような感覚がラジオにはあって、そのうち自分だけで聴くようになっていき、どんどんハマっていきました。

ハガキを送れば読んでくれるかもしれない。そんな近さが魅力だったんですね。

ネタを書いて一度ハガキを送って読んでもらったこともありますが、それに満足したので、それからは、もっぱら聴く専門。月曜から土曜まで、録音してかなり聞いていましたね。

そのうち録音だけでなく、やっぱり臨場感を感じるために生で聴きたくて、深夜放送を聴くために、学校から帰るとすぐに仮眠をとっていました。
何か好きな番組を聴くというよりは、ラジオ全体の世界感が好きで、それで将来はラジオ業界、番組制作、放送作家になろうと思いました。

**――ハマりまくっている様子に、親からの口出しは。**

**一之輔氏：**宿題をやりながら、朝もニュースを聴きながらだったので、親は「勉強でもしてんのかな」と勘違いしていたんじゃないでしょうかね。「厳しいのは勘弁」という自分の性格を知ってのことだったのかわかりませんが、親からはまったく口を挟まれることはありませんでしたね。

高校生になり、当時再放送されていたテレビ番組『スクールウォーズ』が好きで入っちゃったラグビー部でも、顧問の先生がおっかなくて、自分には向いていませんでした。
それでも、夏休みまでに半分以上の部員が辞める中で、ベンチプレスを持ち上げたり、プロテインを飲んだりして翌年の春休みまで筋肉と仲良く、歯を食いしばっていましたね。

ただ、やっぱり気持ちはプレイに如実に表れるし、それで他の部員の足を引っ張るのが嫌になったんですね。

顧問から「勝手にせい」と言われ、退部は成立したものの、部員のみんなが、家まで止めに来てくれました。

でもそこでもし、イヤイヤ続けていたら、噺家になっていなかったでしょうね。

ラグビーを続けることが悪いのではなく、自分をごまかして嫌なことや向いていないと思うことを、無理にやり続けることが、自分にはよくない。それよりも、自分が心の底から楽しめるものを探して、とことん打ち込んだ方がいい。

自分がやりたいように進むのが、楽だと。このときから取り繕うのをやめました。そして芯さえしっかりしていれば、なんでもチャレンジするし、ダメなら別の道を考えるという「やわらかい軸」のようなものが、できあがっていったんです。

## 「自分の居場所を見つけた」身体に走った寄席の〝ゆるい〟衝撃

自分をごまかして嫌なことを無理に続けるよりも、自分が心の底から楽しめるものを探してとことん打ち込んだ方が絶対にいいと思うんです

**一之輔氏：**とはいえ、ラジオを聴く以外に特にやりたいことが見つからず、暇になった土日を持て余していました。

そんなある日（土曜日だったと思いますが）何気なく電車で一本、浅草に行ってみたんです。何か面白いことはないかと。それで、ぶらぶらしていたら、浅草の演芸場の前に辿り着きました。

看板にはテレビで見たこともある人が描かれていて、「そういえば小学生の頃に落語やったな」程度の気持ちでしたが、1200円くらいで1日中いられるし、映画より安いし、暇をつぶすにはちょうどいいかもしれない。

まだ上の階はストリップ劇場で、人の出入りもあんまりなかったので、おっかなびっくりでしたが、まあ、入ってみるかと。

ところが入ってみてびっくり。二階から見る客席はほぼ満席で、詰め襟学生服を着た自分がおそらく最年少だったと思います。

ご年配の方々に囲まれ、その異様な空間に圧倒されましたね。まあ、みんな集中していないですから（笑）。高座で人がしゃべっているのに、飴配ったり、弁当食べたり、他の催しものであんなにガサガサしている空間はありません。

もう、それがおかしくておかしくて……。

前座、二ツ目が話すときはぼんやりと、トリの人が出てきたときはちゃんと集中して爆笑。「のびのびした、ぬるま湯のような空間」を話し手と聞き手がゆるい感じで一緒につくっている。何かすごいものを見てしまったな、と。

それからずっと、定期的に通うようになったんです。

**――今度は、落語にハマっていくんですね。**

**一之輔氏：**寄席の空間が、とにかく心地よくて自分にはぴったりだと気づいてしまったんです。

そのうち、学校にいるときも落語のことを考えたいからと、落語研究部をやることにしました。20年くらい、廃部同然だった落語研究部のまったく使われていなかった部室を復活させてもらい、スタートしました。ひとりじゃ寂しいので、生物部の友人を「こっちのほうが面白いから」といって辞めさせて（笑）。

翌年は新入部員も3人入ってきて、それなりに部の体裁も保っていました。それからはずっと落語漬けの高校生活でした。

ラジオは相変わらず聞いていましたが、だんだんとラジオより落語のテープを聴く方が多くなっていましたね。

勉強の方はハマれなかったようで、成績は500人近く生徒がいる中でビリから20番目。

最初の大学受験はすべて落ちてしまいました。1年間予備校に通いながら、はじめて勉強の面白さに触れ、そこでようやく勉強にも「ハマる」ように。

楽しさを知ってからは成績もメキメキと上がり、しまいには先生から「この調子ならもっと狙える大学が増えるぞ」と言われるくらいになっていました。

でも、やはり行くならラジオ放送関係の仕事に進みたかったので、第一志望だった日大の芸術学部放送学科に進みました。


箸にも棒にもかからなかった自分が、無事に入学できた大学でも落語一色。入学してすぐに、落語研究会の様子を覗きにいったのですが、変なところでした。

部員は7人くらいで、坊主頭の女性とか、「楽だから」と体育館なんかで使う内履きのシューズを、外用で履いていたり、柔道着を普段着にしていたり……。

「何か気が合いそうだな」と思っていたら、すぐに歓迎会に連れて行かれ、そのまま入部。

先輩の「あんなもの行ってもムダだよ」というアドバイスを真に受けて、入学すぐの学科オリエンテーション合宿に参加せず、楽しいキャンパスライフを逃した自分は、ますます落研にのめり込んでいきました。

**――せっかくの輝かしい学生生活だったのに（笑）。**

**一之輔氏：**学科では完全に取り残された感があったので、授業も出たり出なかったり。ほとんど部室に入り浸っていました。

部室は学科を超えて、文化部全体のサロンのような場所になっていて、変な人がいっぱい来るので、飽きなかったですね。

ぼーっと漫画なんか読んでいると、ＯＢがやってきて、「よし、飲み行くぞ」って。そんな日々を過ごしていたおかげで、ギリギリの卒業でした。

当時は映像関連のアルバイトもしていましたが、すでに放送業界よりも落語に気持ちが傾いていきました。

変人だらけだった大学時代の落語研究会での毎日が、自分の学生時代では一番の思い出ですね

あの日浅草で落語に出会って以来、落語を覚えて人前で右向いて左向いてしゃべるというのは、自分に合っていると気づいていました。

楽しいというより、向いている感じ。身体的感覚というか。

とはいえ、大学を辞めてすぐに「落語家になる！」というわけでもなく、大学4年間は将来のことをあえて具体的に考えないようにしていましたね。まわりも、ほとんど就職活動する雰囲気もありませんでしたし。

まだ、まだと思っているうちに大学を卒業してしまい……。

好きを仕事にしてしまってもいいのかという想いもありましたが、「よし、やろう」って。落語で食っていくことに決めたんです。

## 一朝師匠のもとへ
## 「楽」にして、好きなことにとことんハマる

——いよいよ落語を仕事に。

**一之輔氏：**寄席でよく見ていた、師匠・春風亭一朝《しゅんぷうていいっちょう》の元に入門しました。弟子がこんなこと言うのもアレですが、師匠の話すリズムや音感が気持ちよかった。音楽的な感性とでもいいましょうか、非常に耳に心地よかった。あと見た目が優しそう（笑）。怖い人はダメ。談志《だんし》師匠だったら……、追っかけられて殺されてしまいますしね。

で、弟子入りしようと意を決したのが4月の21日。でも気が小さいから、なかなか声が掛けられない。「ああ、今日はダメだ」。

翌日も、「あっちの方向に歩いていったからまた明日」、その翌日も、「雨が降ったときに声をかけたら、失礼だな。また明日」と意味不明な延期を繰り返し、ようやく声を掛けることができたのは、決意してから一週間後でした。

近所の喫茶店に連れて行ってくれた師匠は、やっぱり見た目通り優しく「食えないよ」「それでもやりたいかい」と諭すように意思確認してくれました。どの世界も同じでしょうが、落語もなかなか易しくない世界で、今も落語界全体で900人近くの噺家がいるわけですが、噺家のすべてが高座でお話しさせてもらえるわけではありません。ほんのひと握りです。

「それでも、やりたい」という自分の腹づもりを聞いて、師匠も「じゃあ、親御さんに会おう」と。

**――優しく諭してくれる……、親のような存在ですね。**

**一之輔氏：**師匠からは礼儀作法については厳しく言われましたけれど、それ以外はとても自由でした。

「酒と煙草はダメ」なんて言いつつも、最初に親に会ったときも「今日はこれで。ではお預かりします」と言って、そのあと一緒に向かった中華屋で「じゃあ、ビール飲むか」と。俺の前ではいい、コソコソやるな。嘘だけはだめ。あぐらもかけ。そっちの方が着物が汚れず機能的だから、と。

これは大師匠である、五代目春風亭柳朝《りゅうちょう》の教えでもあるんです。

他にも「女中になるために来たんじゃない」と言って、掃除や洗濯といった昔ながらの前座修行よりも、とにかく稽古をするように言われていました。

その分、落語のネタを覚えたり、映画を観たり、お芝居を見たり、本を読んだり、

好きなことを仕事にしてもいいのかという想いがありましたが、「よし、やろう！」って。落語で食っていくことに決めたんです

いろいろなものに触れ、落語に役立つことをしなさいって。

ただ自由だからこその厳しさ。自分次第。ときどき急に「稽古してるか」と言われたりするんです。

どっちがいいか悪いか、それはタイプによるのでしょうけど、自分は師匠の元に入門できて、運がよかったと思っています。

入門してから、二ツ目、真打ちと、めまぐるしい15年でした。

前座時代は、噺に関係なく「気働き」がよいと売れる。ところが、二ツ目になると、入門して4年目と15年目くらいの人間が同じ土俵に立つので、どうしたって噺が上手い人に仕事がいく。
それで昇進してすぐは仕事がなくなるんですよ。

自分も2年くらい仕事がありませんでした。二ツ目になって、すぐに所帯もって、翌年子どもが生まれて、しばらくは家にいました。

プレッシャーがなかったといえば嘘になりますが、辛いとか辞めようと思ったことはありませんでした。

器用なことはできないので、とにかく場数を増やして、毎月勉強会をして、ネタを月2本くらい覚えていくしかないと。

3年目ぐらいから、ありがたいことにまわりの人がだんだんと声を掛けてくれるようになってきました。

## やわらかい軸で落語の真ん中に生きる

**一之輔氏：**真打ちもこんなに早くなれるとは思っていませんでした。とにかく目の前のこと、いただいたご縁を繋いでいって今に至ります。

会場の規模とか、そういった具体的な目標を少しずつこなしていった感じもありますが、ただ、そこに歯を食いしばるような感じはなかったですね。

まわりからは、別の意見もいただきましたが気になりませんでした。


また、「お客さんにあわせる」というよりも、自分が面白いと思っていることに対して、登場人物にこう言わせようとか、自分の場合は、八っつぁんは、こう言うよな、言わないよな、ということを考えて、「楽」に楽しんでやっています。

それを面白がってくださるのはありがたい

命までとられるわけじゃあるまいし。何かとあくせくしている世の中ですから、落語の世界くらい、のんびりでもいいんじゃないかと

ですよね。

これが年齢を重ねると、年々若くなるお客さんとの感覚がズレていくこともあるわけで。でも今は、それも含めて楽しんでいます。


噺家はみんなそうだと思いますが、寄席の場合は特に、袖から、客層、男女比率、年齢層などをちょっと覗きます。

ウケているか、そうでもないか。そういう空気を感じながら、何を話すか決めて臨むんです。

寄席には、爆笑派も、地味な人も、いろいろな人が出てきます。

全体のバランスを考えて、前の流れを変えないように、次の場に進みやすいようにして。トリのときは、思いっきり笑わせる、とかね。

自分の役割というのがあって、そういうのは意識していますね。


高座の外での今の自分の役割は、書籍の出版や番組出演、インタビュー取材など、お声がけいただいたらなるべく出ること。

僭越《せんえつ》ながら少しでも落語の窓口になれればと思っていますし、そうすることで落語の魅力が広がって、また自分も話し続けることができると思っています。

**――ずっと落語を楽しむ真ん中にいたい。**

**一之輔氏：**そうやって最後は一日一席くらいしゃべって、子どもから月3万円ぐらい小遣い貰って、「昔ちょっと売れました」なんて言って死ぬのが理想ですね。

キツいと思ったことはありませんが、ピンチのようなことはたくさんありました。台詞が出てこない、絶句したこともありますし。

でもね、「命までとられるわけじゃあるまいし」。

やりたいことがあれば「ハマって」どんどんやっていく。目の前に立ちふさがる困難も、突破するよりはくるりと回って進んでいく。

何かとあくせくしている世の中ですから、こういうところくらい、のんびりしてもいいんじゃないかなって思うんですよ。

# 05 山口千尋

靴職人

## やりたいことを極めていけば、
## 本当に〝やるべきこと〟が見えてくる

100以上の工程を4カ月間。使い手と職人の対話を通して顧客専用の木型を基に、丹念に製作されるビスポーク靴。その第一人者が、本場イギリスに学び、「Master Craftsman（マスター・クラフツメン）」の称号を授けられた、靴職人の山口千尋さん。国内外から客足の絶えない「唯一無二の妥協なき靴づくり」が支持される背景には、「価値観を共有する環境づくり」がありました。

**Profile**

やまぐち・ちひろ／株式会社ギルド代表取締役
国内大手靴メーカーを経て、英国の靴学校コードウェイナーズカレッジに学ぶ。日本人初となる、英国名匠の証「ギルド・オブ・マスタークラフツメン」の資格を授与されたのち、「ギルド・オブ・クラフツ」を設立。日本のビスポーク靴の第一人者として、広く製靴技術と哲学を広めている

## 「好き」を見守ってくれた父と母
## 挫折しながら味わった「学ぶ」喜び

**山口氏：**私のものづくりと学びの出発点は、絵を描くところから始まりました。絵や美術が好きな母が、毎週のように美術館や百貨店の展示会へ連れて行ってくれたこともあって、物心ついたときからずっと絵を描いていましたね。

石工《いしく》であった父の仕事場にもよく遊びに行って、神社の狛犬などが彫刻される様子などを眺めていて、それを真似て描く。学びの空気は自然と肌身に感じていたように思います。

**――ご両親から、絵を描くことを期待されていたのでしょうか。**

**山口氏：**将来の職業にとか、未来の教養にという明確な意図が自分にも家族にもなく、ただなんとなく「この子には、こうさせておくのがいいだろう」程度のものだったそうです。

うちは比較的厳しい家庭だったと思いますが、こと将来については、人様に迷惑

石工であった父親の仕事場に遊びに行って、彫刻の過程を真似て絵を描いていた幼少期。私のものづくりと学びの出発点は、絵を描くところから始まりました

をかけない限り自由で、「こうすべき」というようなことは一切言われませんでした。

そのせいか、クラスメイトが文集などに将来の夢に、具体的な憧れの職業を書く中、自分はあまり考えず、ただ「強くなりたい」と抽象的なことを書いていました。

昔から負けん気が強かったのですが、たしかケンカに負けた悔しさからそんなことを書いたんだと思います。

「強くなるため」に中学から始めたラグビーでしたが、高校受験時には、全国大会を目指して私立の強豪校に推薦入学するまでのめり込んでいました。

ところが入学早々、全国から集まったラグ

ビーの猛者たちの雰囲気に、私はすっかり圧倒されてしまって、レギュラー入りも諦めざるを得ない状況に立たされてしまいました。

**——初《しょ》っ端《ぱな》から、推薦入学生としての存在意義が危うい状況に……。**

**山口氏：**それで実は一度ドロップアウトしてしまいました。そんな状態の中、生きるために働いていた時期が半年ほどあったんです。

けれど、その頃のまわりの温かい仲間のおかげで持ち直し、翌年、再度高校を受験し直すことに。

「ずっと好きだった絵を学ぼう」と、工芸高校の美術科を目標に据えたのですが、時間も限られ高倍率でした。

しかし、勉強や学校そのものに対する受け取り方もその半年の間に大きく変わっていて、学びたい一心で勉強してきた結果、なんとか入学することができました。

今まで独学で描いていた絵も、学校なら道具の手入れから絵の具の溶き方まで、すべて教えてくれる。こんな素晴らしいところはないと気づいたんです。

高校の3年間は、自分が所属していた日本画コースだけでは飽き足らず、洋画も教えてもらうなど、ありがたい学びの時間を過ごすことができました。

## 「自分がデザインした靴を街中で見る」使い手の喜びを感じられるものづくり

**山口氏：**さらに高校卒業後も、大学で学び続けるか、就職するか選択肢がありましたが、それまでしっかり学ばせてもらったうえ、さらに親にお金をかけさせるのが申し訳なく、まずは自立するため就職することに決めました。

同じ美術科の先輩が働いていた、スポルディングという革のスニーカーを製造するメーカーを紹介していただき、早速

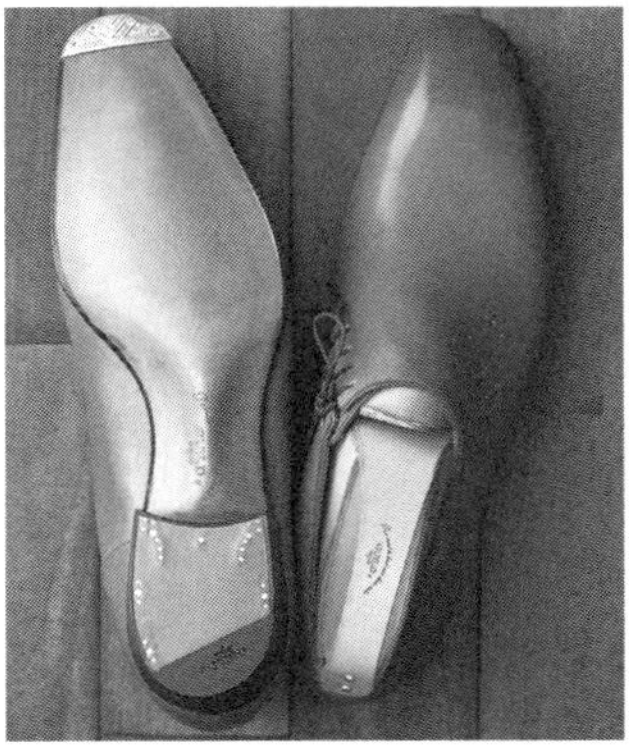

100以上の工程と4カ月以上の時間をかけ、丹念に製作されるギルドの靴。まさに使い手と職人が「話し合い＝bespoken」する世界

面接と工場見学に向かいました。

都会で育った私にとって、竹やぶの中にぽつんと立つ綾部（京都府）の工場の景色は新鮮でした。

また愛着のあった靴をつくっている会社ということもあり魅力的な就職先でしたが、一番の決め手はそこで「絵が描けるから」でしたね。

**――まだ、「靴」よりも「絵」だったんですね。**

**山口氏：**いつか絵を仕事にできればと考えていて、まずはそこで働きながら、ほそぼそと絵の発表を続けていこうと考えていました。

工場のすぐ近くにあった、誰も住んでいない古くて広い社宅を貸してくれることになっていたんです。

とにかくこれで、住居兼アトリエも手に入れることができて、大好きな絵も描けて、ご飯も食べられるくらいに考えていました。「そこから先はまた自分で切り拓いていけばいい」と。

入社して企画部に配属され丸1年が経った頃、自分がデザインし、試作した靴が商品になる機会に恵まれました。

絵も靴も自分の内から湧き出るものを形にするという点では違いはなかったのですが、同じものづくりでもアートである絵は「売れる」が前提ではありません。

それに対し、靴は、誰かが欲して対価を払ってくれなければ成立しないもので、そんな当たり前のことに大きな衝撃を受けました。

「売れる」「使ってくれる」という、ものづくりのもう一つの大事な要素を知ったんです。


さらに、靴が売れたことで、東京の代理店に出張に行く機会をいただいたのですが、そこでも、ものづくりの喜びを体感しました。

東京の地下鉄で、目の前に座っている人の靴が、自分がデザインしたものだったんです。


世の中で、ものづくりに携わっていて、ユーザーが使っているところを直接見ることができる人はそう多くないと思います。「これはすごい職業だ」と。自分が生み出したものが、使われて生きている……。

こうした経験を通して、ものづくりの本質に触れることができ、靴づくりの魅力にどんどんのめり込んでいきました。

## 「得るは捨つるにあり」靴のすべてを学ぶため職を辞して英国へ

**――どんどんのめり込むということは……。**

**山口氏：**やはり、より学びたいと思うようになっていきました。私が20歳でこの会社に就職するとき、ずっと私の「好き」を見守ってくれていた両親から、革産業の将来性から初めて反対され、美大や美術関係に進む高校の同級生からも、「なぜ靴を？」と言われました。でも、それに対する私の反論はあいまいでした。

しかしこうした中で、自分にとって靴づくりは「絵の代わり」ではなく、かけがえのないものになっていました。

そのうち勤め先の工場で生産される商品としての靴、仕事として必要な知識だけでなく、靴全般をもっと知りたい。

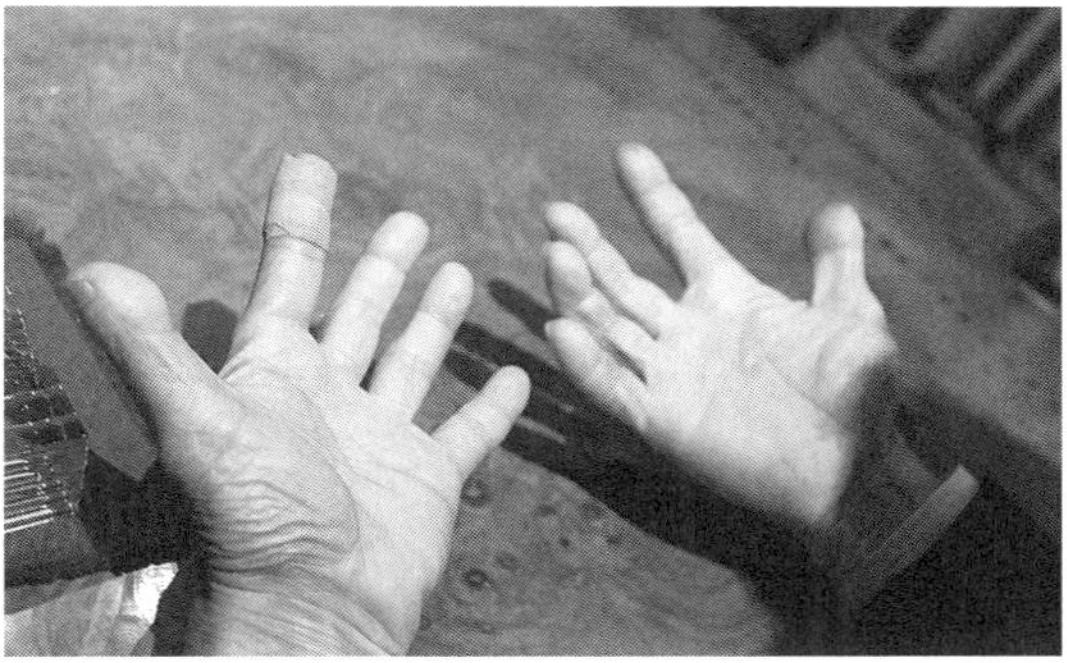

この手には、唯一無二の靴づくりへの想い、そして多くのお客さまとの対話の歴史が刻まれている

これから靴を本気で仕事にするならば、靴そのものを学問として体系的に学びたいと思うようになりました。

当時、言われていた大量生産を前提としていた「いい靴」の概念に、私はどうも納得していませんでした。もっと言うと、そこに日本の靴の貧しさを感じていたんです。

会社の文献で革靴の歴史を調べたり、足から血が出るくらい靴を履いて試したりもしましたが、重厚さが売りのアメリカ製でもなく、ギョーザ靴と言われた極端にやわらかいイタリア製とも違う、もっと「よい靴」が、世界にはあるはずだと考えるようになりました。

そこでヨーロッパの主な靴の産地を見て回ることに。先の大戦でドイツもイタリアもフランスも、古い設備は取り壊され、新しいものになっている。ところが唯一イギリスのノーザンプトンだけは戦災が浅く、１００年以上前の靴の生産設備が稼働していることがわかりました。

そこで、「イギリスならとことん靴の歴史から学べるだろう」と、渡英を決めました。退職と留学の意思を会社に伝えると、勤めていた会社から、「退職せずとも1年の休職扱いに」と、ありがたいお申し出をいただきました。

しかし、「得るは捨つるにあり」という言葉のように、何かを捨てる覚悟なくして大きなものを得ることはできないのではないか、また、たった1年では本場の靴づくりを学べないだろうと、腹をくくり退職を決意しました。

この言葉は、その後も常に支えとなり、私を勇気づけてくれました。今も新しい何かを得ようとするときはこの言葉を思い出し、常に心の器は「空」の状態にしておくことを心がけています。

**――背水の陣で臨んだ念願のイギリス、いかがでしたか。**

**山口氏：**私がちょうど日本を離れるとき、7万円の靴が売れたことに業界が大騒ぎするような時代でした。

でもイギリスに来てみると、通りを少し歩けば、その価格帯以上の靴がざらに履かれているのを、たくさん目にしました。

しかも日本では聞いたこともなかったブランドだらけ。自分の知らない靴の歴史がやはりちゃんとあった。このとき、イギリスに決めたことが間違いではなかったと実感しました。

とはいえ、旅行で訪れたわけではない。靴に関わらないと、イギリスに来た意味がありません。パブで皿洗いはできましたが、こちらが思うような格式の高い靴屋に求人はありませんでした。

どうしたものかと考えていると、通っていた語学学校の先生が、ちょうどロンドンに靴のコースを持っている革専門の製造技術を教えるカレッジ、『コードウェイナーズ』を紹介してくれたんです。

そこが入り口であることには間違いなく、このままじっとしていても仕方ないと、ある程度語学力に自信がついた段階で入学を決めました。

ところが、意を決したときにはすでに学生募集は終わっていました。ビザの有効期限もあるので、悠長に「来年」を待っている余裕はありません。

大急ぎで、日本から自分が今までつくった靴を集めて、写真を整理して、日本での実績、ポートフォリオを作成して、「とにかく一度会って見て欲しい！」とお願いし、なんとか入学許可を取り付けたのは夏休み直前のことでした。

**――なんとか滑り込み、久しぶりの学生生活が無事始まります。**

**山口氏：**コードウェイナーズでは、すべてが貴重な体験、生活そのものが勉強でした。留学生の身分だったので金銭的には乏しく、授業で練習用に使う革が高価で買えず、骨董市で古い革靴を買って、分解してはつくるという状態ではありました。

でも、そうしたことも含め、すべてが刺激的でした。

また、語学学校と違い、普通に現地の学校だったので、ネイティブの中に紛れての授業で、授業そのものについていくのも一苦労で。ただそうした語学のハンデはあったものの、こちらには靴の知識があったので、同級生との付き合いはイーブンに。

私の〝利用価値〟に目を付けてもらって、逆にみんながケアしてくれました。

その頃応募したデザインコンペでは副賞をいただき、イタリアやノーザンプトンで就労体験をし、夏休みにはいろいろな靴のメーカーを訪れて、靴がどんなところでつくられているのかを知りました。

そこから行きたいメーカーを選んで、そのなかで、職人に出会って彼らから学んでいっ

「自分の足に本当に合った靴」を求める人のために、私はひたすらつくり続けます

たのです。

**——その学びの中で、日本人初となる名匠の証「ギルド・オブ・マスター・クラフツメン」を授与されます。**

**山口氏：**イギリス人の自国愛、西洋文化の「靴」という分野で、日本人である自分がどのように見られていたのか、正直ずっと気になっていましたね。コンプレックスがあったんです。

自分はなぜイギリスに来たのか。その答えは「日本の靴文化、ビスポーク文化が貧しかったから」。

それでもなお、日本人である自分が靴をつくるということが「外国かぶれ、異国趣味」の範疇を超えていないんじゃないかという問いが残っていた中での授与は、前へと進ませてくれる大きな励みになりました。

## 体力を蓄え、チャンスを〝狙って〟待つ世の中にない仕事のつくり方

**山口氏：**コードウェイナーズカレッジを卒業後も、靴メーカーやイブニングコースで手製靴の勉強を重ねていましたが、まだ自分でつくって売ることへ確固たるイメージはできあがっていませんでした。

絵を描いて食べていくのも難しいけれど、靴をつくって生活していくのも同じようにきついということを知っていたからです。

収入源と時間を確保することで、「自分の靴」をつくる時間ができるまで、5年かかりました。

**――そんな中でどのようにして、チャンスを掴んでいったのでしょう。**

**山口氏：**コードウェイナーズ在学中から卒業後、おもに欧米のメーカーを中心にフリーランスの靴のデザイナーとして契約を結び、収入を確保できたことで、「次」のチャンスが来たときに狙えるよう待っていました。

96年にギルドというブランドを設立したのも、「とにかくまずは、存在がなければ始まらない」と売り上げの目途も立たないままの出発で、その間は、デザイナーの仕事で食いつなぐような状況でした。

ただ時代には波のようなものがあって、こちらがそうした動きを始めると、同時にアパレル業界にはイギリスからビスポークテイラーを呼ぼうという動きが出始めて。世の中がそういう方向に、徐々に変わっていきました。

仲間を増やしたいという想いから、99年に開校したビスポーク靴の人材育成の専門学校『Guild Welted Footwear College（現サルワカフットウェアカレッジ）』には、感度の高いアンテナを持つ若い人たちが多く集まってくれました。

こうしたことも時代の波を反映する出来事だったのかもしれません。

## 最先端にいることを私財にしてはいけない 常に競える場があることに感謝する

**――日本におけるビスポークのパイオニアとして、先端を走っています。**

**山口氏：**自分たちはひょっとして、日本におけるビスポークの先遣隊としていくらか発見したこともあるかもしれません。

そもそも市場すらなかったことを考えると、ライバルが増える状況は、ありがたいです。最先端にいることを私財にせず、製靴技術と哲学を余すことなく広めていきたいと思っています

しかし結局は先人の今までの積み上げの上での発見に過ぎません。たまたま、その後ろの最前列の方にいる。そのことを私財にしていてはいけないと思っています。

2016年12月に出版された『製靴書』（誠文堂新光社）でも、『Guild of Crafts（ギルド・オブ・クラフツ）』では、製靴技術と哲学を余すことなく紹介しています。

そもそも市場すらなかったことを考えると、ライバルが増えてくれることはありがたいことなんです。

それに競争が起こらないと業界も私

たちも成長できないですし。

それまでは、「自分たちがここにいるんだ」と叫んでも、その声がかき消されてしまう不安の方が大きかったですから。

靴づくりを続けられるうえで起きる苦労であれば、それはすべてありがたいことなのかもしれません。

自分にできることには限りがありますが、ギルド（集団）として出発したことにより、大きな輪になって、仲間が増えて、靴づくりの居場所がいつの間にかしっかりとできあがっていき、当時抱えていた不安は、もう抱く必要はなくなりました。

今は外国からお客さんがやって来て、「日本の靴はすごい」と言ってくれるまでになりました。

昔、海外で日本の文化発信のための展示会をやるとき、お役所から「靴は文化じゃない」「消耗品」と言われ門前払いされたのも、今となっては笑い話です。

## ゴールの向こうにある次の景色
## やりたいことをやれば、やるべきことが見えてくる

**山口氏：**ラグビーも、絵も、靴も、イギリスへの留学も、ギルドの設立も、常に自分のやりたいことを最優先に行動した結果でした。

やりたいことに対して純粋になり、突き進んでいけば、やるべきことすら変わってくるんじゃないでしょうか。

**――やりたいことから、やるべきことが生まれてくる。**

**山口氏：**そうしてやりたいことに突き進むためには、他人の尺度を自分の価値観の中になるべく持ちこまないようにすることが大切だと思います。

そうでないと人に言われたことが全部アドバイスに聞こえてしまう。

やりたいことに対して純粋になって突き進んでいけば、〝やるべきこと〟すら変わってくるんじゃないでしょうか

自分が本当に美味しいと思えるもの、本当に楽しいと思えるもの、本当にやりたいと思えるものにちゃんと自分が評価してあげられる勇気を持つこと。誰かの意見を気にしすぎると、だんだん見えなくなりますからね。

**――山口さんの、これから「やりたいこと」とは。**

**山口氏：**やはり英国で学び、日本で培ったビスポーク靴の技術を海外に「戻す」ことでしょうか。

今はその出発点に立っていると思っています。次の階段は規模の大小にかかわらず、ロンドンにお店を持つことです。

しかし、それよりも今はまだ、上りたい階段があって、そのためにやるべきことは、たくさんある。そんな感じです。

私が英国に渡って間もない頃、ロンドンのグリーンパークでひとりのお婆さんと知り合いました。

乏しい英語力でしたが、私は彼女に「靴の勉強をするためにここに来たんだ」と伝えると、彼女は「人間は寝て生まれ、座り、やがて歩くようになる。この動作を、人は生涯続けるのよ」と言ってくれました。

寝る、座る、立って歩く。

この3つの基本動作にあるベッド、椅子、靴というアイテム（さらにヨーロッパでは、その3つの動作すべてに靴がかかわり、日常生活に欠かせない道具）。人生を大きく左右する、先人が心血を注いだこれらの道具、靴が与えてくれる喜びは数えきれません。

これからも靴づくりのすべてを通して、ギルドの仲間とともにその多様な魅力を、最前線で伝えて参りたいと思います。

# 06 内山愛子

調香師

## 日本中に香りと幸せを広げる「魔法のしずく」を生む調香師

世界に1つだけ、その人に合った「香り」を創り出す調香師の内山愛子さん。エジプト産の天然香料のみを使用したオーダーメイドの香水を届ける「ファイエルターク」の設立から10年。「普通のOL」が「香り」に魅せられ、単身エジプトに渡って10年。現地で日本人初となる調香師の修了証を取得し起業するに至りました。そのあくなき挑戦を支え続けたのは「人々を幸せにする香り＝魔法のしずく」への絶対に譲れない強い想いでした。

**Profile**

うちやま・あいこ／調香師
香りの世界に魅せられ、エジプトで香料・調香を本格的に学び、日本人初の現地の調香師修了書を取得。エジプト産天然香料を使用し、注文を受けてから香水を調合・熟成する、オリジナル香水の製造・販売を手がける。また「香りのソムリエ®」として、香水の魅力を広めている

## きっかけは父から母へのお土産
## 歴史と神秘に魅了されエジプトへ

**内山氏：**そもそも私は、今とは違ったお仕事をしていて、短大卒業後に就職した下着メーカーで、いわゆる普通のＯＬとして販売業務に携わっていました。
「女性を綺麗にする仕事をしたい」と思っていて、その対象は「この先なくなることがなさそうな下着」でした。

当時は、香りに関して興味がなかったどころか、「臭い」とすら思っていました。まさか自分が「香り」で起業するなんて……。

そんな私の運命を大きく変えたのは、父が母のために買ってきたエジプトのお土産でした。

経営者であった父は、「ピラミッドを見ながらゴルフをプレイしたい」という理由でエジプトに行くような人で、そのときに、母へのお土産に購入したのが、香水の原料だったんです。

下着の販売業務に携わっていた普通のOLだった私が、〝香り〟を一生の仕事にしていくことになるなんて。香りが持つ壮大なロマンに惹かれたんです

そのお土産は、玄関に半年ほど放置されていて（笑）、偶然、私が帰省した際に発見し、「これ、何？」と聞くと、父が嬉しそうに「香水の原料だけど、つくってみたら」と言ってきたんです。

私もまったく興味がなかったので、内心「そのうち思い出したときでいいや」と、どっちつかずの返事で、さらに半年間放置（笑）。見かねた父が、帰省のたびにしつこく勧めてくるので、仕方なくつくってみたのが、最初のきっかけでした。

**――エジプト産の香水、どんな香りがしたんでしょう。**

**内山氏：**「エジプトらしいエキゾチックな、

少し濃いめの匂いがするんだろうな」と、特に期待もしていませんでした。
ところが、その予想はいい意味で大きく裏切られました。臭いイメージすら持っていた香水から「優しい、お花の香り」がしたんです。
イメージでいうと白っぽい感じで。私の中で香水のイメージが完全に覆されました。「これは一体どういうことだろう」と。

気になったら納得いくまで調べずにはいられないのが私の性格で、最初は創り方を調べるためにインターネットで検索していましたが、そのうち歴史背景まで調べるように。そうやって香水の世界へ、どんどん引き込まれていきました。

**――魅惑の世界に、どんどん引きずり込まれていきます（笑）。**

**内山氏：**私、歴史や神秘的なものが、ものすごく大好きで（笑）。知りたい気持ちはますます高まり、インターネットや文献で独学するだけでなく、より専門的に学ぼうと、香りにまつわるセミナーを探しては受講していました。
天然香料には、ムスクやアンバーといったさまざまな種類があるのですが、その中でも非常に高級なものに、アンバーグリスというものがあります。

これは抹香鯨《まっこうくじら》の好物であるイカが鯨の体内から結石となり、それが海に吐き出されたものなんです。これが漂流しているものを人間が発見し、香料として使ったという歴史があります。

現代の価値では一塊、数百万円から数千万円もの金額であったとされ、もちろんそれを見つけた人はお金持ちになったそうです。

「なんて壮大なロマンなの！」抹香鯨から生み出される天然の香料と、それを追い求めた人間のドラマが浮かんでくるようでした。

香りそのものへの神秘性にも興味をかき立てられて、他にどういった香りがあるのか、

その人に合った香りをつくり出す。「香水は〝人々を幸せにする香り＝魔法のしずく〟だと思っています」

どんな歴史があるのか。もう頭の中は、下着よりも香りのことでいっぱいでした。
こうして香りの世界にのめり込んでいたある日、エジプトに行くチャンスが巡ってきました。
憧れになっていたエジプトへ行くことができる……。渡航の動機は「ミイラのニオイを嗅ぎたかったから」。
実は、ミイラに使用されている香料に『ミルラ』というものがあり、その語源が変化しミイラとなったと言われているんです。

**――憧れのエジプトが、とうとう現実に。**

**内山氏：**現地についてからはとにかく驚きの連続でした。「砂漠にラクダ」というのが、私のエジプトに対するイメージでしたが、実際には緑が多く、高速道路の脇は延々と続くお花畑が広がっていました。

一般的に調香というと試験管などを使い、まるで理科の実験のように決められた分量で調合するのが常識とされていましたが、現地の調香師たちは、自らの鼻を使って目分量で調合してしまうんです。

すべてが衝撃的でしたが、私はとにかく自分の知りたいことを彼らに質問し、エジプトの天然香料でできた香水を日本で広めたいんだという想いを伝え、そこの香料を大量に購入して日本に帰国しました。

肝心のミイラは諸事情で拝むことができなかったのですが、私がカイロ博物館を後にしたちょうど1時間後、その場所で自爆テロがありました。

もしミイラとご対面できていたら、私はここにいなかったのかもしれません。

## 立ちはだかる「規制」の壁
## 困難続きの長い道のり

**内山氏：**「日本で製造販売するのは大変ですよ！」

エジプトで香料をたくさん買い込んで帰国し、意気揚々と「役所で申請でもすればすぐにでも販売できるだろう」と思っていた私に、窓口の方から言われたひと言。

この言葉の意味は、準備を進めれば進めるほど身に染みるものでした。

香水を日本で製造・販売するには、「化粧品製造業、化粧品製造販売業」という許可が必要だったのですが、こちらはまったくの素人で、申請時に尋ねられた質問すら理解できない有様でした。また、当時の薬機法、薬事法とにらめっこしているうちに、根本的な問題に突き当たりました。

香水をつくって販売するには、そもそも「薬剤師、または化学過程を専門に学び卒業した者」もしくは、長い年数の実務経験が必要だったのです。

そのどちらもなかった私は途方に暮れてしまいました。今から大学を受験し直して、薬学部に進む選択肢は現実的ではなく、「もう諦めるか」「いや何か方法があるはずだ」と。

せっかく見つけた道を諦めきれずに、なんとかなるかも知れないと方々にお声をかけていたら、幸いにも薬剤師の資格保持者が見つかり、その方を迎え入れることができました。

**――ようやく、販売できるように。**

香水の仕事に携わるまで、困難続きの道のりだった。「もう次から次へと、事業を始める前から困難に見舞われました」

**内山氏**：まだ始まりの一歩に過ぎませんでした。香水の製造・販売を本格的にやるために、まずは会社の登記をしたのですが、そのことをエジプトの香料会社に伝えたところで、今度は香料が日本で売れないことが判明したんです。

私が現地で購入した香料は、エジプトの規定でつくられたもので、日本の薬機法では販売できないものでした。

さらに、現地で「蓮の花」として売られた香料も、あくまでその花の香りをイメージしてつくったものにすぎないことがわかり、その名前では販売できないと、もう次から次へと、事業が始まる前から困難に見舞われました。

販売業者に「購入時の説明と違う」と返金を求めても、彼らには平気な顔で「インシュアラー（神の御心のままに）」と、はぐらかされてしまう。

日本でも未熟でしたが、アラブ特有の商習慣はさらに強敵で、ここはまず一度、本格的に香水の勉強をし直さないと話にならない、と考えるようになりました。

## 調香師となるべく再びエジプトへ男だらけの香りの世界に飛び込む

**内山氏：**「信頼関係が構築できなければ、この仕事は成功しない」。少し日本で勉強して、あとは買い付けをお願いするというのでは歯が立たない。

ならば香りのルーツである本場エジプトで香料の製造方法や花の栽培方法など、香りの元となる香料をイチから勉強しようと考えたんです。

ところがエジプトでは調香師はおもに男性の仕事。また部外者に易々と教えてくれるわけもなく、まずは教えてくれるところを探すところから始まりました。

そんなとき、エジプト在住の方がお力を貸して下さることになり、再度エジプトへ向かいました。

現地に到着して、「調香師になりたい。日本でやりたい。そのためには何を学べばいいのか」と直談判。日本から来たよくわからない小娘に、物珍しさから徐々に観衆が増えていきました。

どれだけ話したかわかりませんが、「お前は面白いやつだ。いいだろう」と、結局エジプトで一番と言われていた調香師から教えを受けられることになったんです。

**――男だらけの調香師講座、いかがでしたか。**

**内山氏：**想像を絶するトレーニングの毎日でした。珈琲豆片手に、朝8時から夜10時近くまで続く、「スメリング」と呼ばれる香料を嗅ぎ分けるトレーニング。

初日は夕飯をいただく元気もありませんでした。エジプト人は特に鼻の利きがよいとされ、まわりも、ドクトル（私の先生）も、平気で4~5時間嗅いでいました。そして、その講義中、私は死にそうな体験をすることに……。

事の発端は、新人の子が私にくれた、オレンジジュース（に見えたもの）でした。

喉が渇いていた私は、よく確認もせずに飲み干したのですが、その「ナイルの泥入りジュース」の洗礼は、免疫のなかった私にはことさら強烈なものとなり、1時間後には高熱、腹痛、下痢、吐き気が一気に襲ってきました。

正露丸も効かず、夜になっても熱が下がらないため、ホテルにお医者さんを呼んでもらう事態に。

翌日には、スメリングテストも控えているし、なんとか合格して修了したい。この期に及んで恥ずかしいなどと言ってもいられず、お医者さんに頼み込んで、お尻に注射を打ってもらいました。

翌日、吐き気のため紙袋を横に置きながらも、どうにか試験に臨めるように。

**——ここでも愛子さんのあきらめない性格が……。**

**内山氏：**もうそれしかありませんでした（笑）。結果はなんとか合格。

こうして、さまざまなトラブルに見舞われながらも、2回目の渡航で、ようやく調香師の最終試験に合格できました。

エジプトで最高の調香師とされる先生から「よく頑張った」とお褒めの言葉をいただいたときは、「これでようやく彼らにも、私の香りに向き合う真剣さを認められた、もう腰掛けではない」と安堵したものです。

日本人初のエジプト調香師の資格付与とあって、修了証書はパピルスでつくられた特別製。それを手に意気揚々と、帰国の途に就きました。

## 「まずは香りを知ってもらいたい」試行錯誤の挑戦と、香りへの強い想い

**内山氏：**そして、その年の5月に化粧品製造業と化粧品製造販売業の申請をし、書類審査

単身でエジプトへ。男だらけの香りの世界で掴んだ、エジプト調香師の資格。修了証書はパピルスでつくられた特別製

2回、実地審査1回を無事通過。同年10月、晴れて「化粧品製造業と化粧品製造販売業」の許可がおり、販売を始めることができました。

準備を始めてから、丸2年が経っていました。

その間、まだ馴染みの薄かったエジプト産天然香料の香水を日本に広めるために、何をすべきかをずっと考えていました。

魅力を感じていただくために、どのような香りをお客さまに届けるのか、販路はどうするのか、大手やディスカウントショップなど資本も流通量も圧倒的な、安い価格の香水とどう勝負していくのか。

そして、販売する商品は3種類と決めました。これは父からのアドバイスで、「3の法則」と呼ばれるものでした。

誰もがよいと思うもの、自分が譲れない絶対的評価を持つもの、そしてそのどちらでもないもの、の3つです。

当初からエジプトローズはその中に入れようと思っていました。なぜなら、私が現地ではじめて嗅がせてもらった香料で、市販のものとはまったく違った甘い香りとコクが感じられるものだったからです。

それから元気が出る香りと、癒しの香りをラインナップに加えることにしました。サンプルをつくり、いただいたご意見を元に調合していきました。

「市販の香水にはない優しさと温かさ」「上品な香り」という、どこにも流通していないファイエルタークだけの香り。

何十回もの試行錯誤を経て生まれたのが、今では定番となった『Nefertity』という香水なんです。

次に製品をお届けする販路ですが、店舗を構えるとそれだけで毎月の家賃が発生します。まだ売り上げもなく資金も乏しかったので、私は初期費用が比較的かからないインターネットを販路に選びました。

ネットショップも、みずからプログラミングの書籍などと格闘しながら、いろいろと勉強しながら自分で立ち上げました。

**――すべて自前の「船」で、いよいよ船出です。**

**内山氏：**ところが蓋を開けてみたら、1ヶ月後に売れた商品は1500円のトライアルセットがたったの1つ。

さすがに、ここまで売れないとショックというより、「どうして売れないのか」を冷静に考えるしかありませんでした。

また振り出しに戻ってしまった気分でしたが、もう船は出てしまいましたし、こうなったら進むしかありません。

下着の販売とは違い、目の前にすでにお客さまがいらっしゃるわけではない。では私のお客さまは一体どこにいるのか。「売る」よりも、まずは知っていただくことが一番だと考え、「人が多く集まるところ」を探すところから始めました。

しかし、ただ集まるといっても、誰でもよいというわけではなく、やはり女性が多く集まる場所でなければなりません。

女性のお客さまを多く抱えていて、なおかつ私がその方にも、そのお客さまにもメリットになる……。

考えた末、お客さまの人生に寄り添う保険営業の方なら、何度もお客さまの元へ

起業後最初の1ヶ月間で売れたのは、1500円のトライアルセットが1つだけ。そこで、まずはお客さまを探すことから始まりました

足をお運びになるだろうし、大きな説明会があればたくさんの方へアプローチできるのではないか、一人ひとりにあった香りをご提案する私の調香の仕事は、保険のお客さまへの定期的な訪問の糸口として役立つのではないかと思うに至りました。

「あなたのお客さまに、オンリーワンの香りをご案内させていただけないでしょうか」。そうして、次第にお客さまの評判を呼び、香水セミナーもさせていただくことに。

また、定期的に多くの人にお集まりいただくようになり、最初はおまけのような存在でしたが、いつしかそれが目的で集まってくれる方も増えてきて、そうして少しずつファイエルタークの香水の存在を知っていただくようになりました。

**――困難を前に、できることから始めて前に進む。挫折のままに終わらせない。**

**内山氏：**「前に進む以外に、選択肢がなかった」というのが正直なところです。

実は事業を始めるにあたり、すでに借り入れを銀行からしていたので、まずはその返済をしなければと、あきらめるより次に進むことに必死でした。

もちろん、行動しただけたくさんの失敗もしましたし、振り返ると失敗の方が圧倒的に多かったと思います。

それでもめげずに進み続けることができたのは、人々を明るく豊かにする香り、〝魔法のしずく〟を世の中に広めたいという強い想いでした。

当初は「娘の道楽だ」という厳しいご意見もありました。私の、香りに対する真剣な想いはどのようにすれば伝わるだろうか。

とにかく人に喜ばれる香水を創り、届けることでしか応えることができない、自分がやるべきことで成果を見せるしかないと、あえて反論はしませんでした。

私がこの仕事をやっていくときに決めたこと。それは「日本中の人を香りで幸せにする」ことです。そのために私がやるべきことは、〝魔法のしずく〟を一人でも多くの方に伝え続けていくことです。

その繰り返しで気づけば10年。当初の厳しいお声よりも、求めてくださる声の方が多くなっていき、こうしてファイエルタークの香りを求めてくださる方が増えていきました。

## 「魔法のしずく」で癒しを……。日本中を香りで幸せに

**――「香り」の場づくりを続けてきた10年でした。**

**内山氏：**香りにまつわる環境は、ここ十数年

「娘の道楽」と揶揄されたことに対して、人に喜ばれる香水づくりで応え、〝魔法のしずく〟への理解を広めていきたかったんです

の間で大きく変化してきたように思います。いい香りのする洗剤や柔軟剤、お部屋のお香、制汗剤などの製品は当たり前のように店頭に並び、女性も男性も「香り」に触れる機会が、昔よりも増えたように思います。

ただ、本当の香りがもたらしてくれる幸せについては、まだまだ知られていないのが現状です。

香りを求めている方々の気持ちは、「緊張をほぐしたい」「気分をリラックスさせたい」など人それぞれです。

そうした方々のお声に耳を傾け、目の前にいる人が求めている「自分だけの香り」をご提案するのが私の、調香師としての仕事です。

香水は、化学式からなる知識だけでは成り立ちません。どういったシーンで香りを使えば、どんな効果が得られるのか。そうしたことを、もっと多くの方々にお伝えしていかなくてはと思っています。

そして、今は初心に戻るときだと思っています。香りと人とをさらに身近に、今後はもっと香りと触れ合えるイベントを増やしたいですね。
その場で診断して、おすすめの香りをお伝えできる場もつくりたいと思っています。

日本には、まだまだ「香りによる癒し」が活用できる場面があると思うんです。例えば、介護や医療の現場もそうです。「いい香りが広まれば、心が豊かになる」。殺伐とした気持ちも、よい香りに包まれることで、穏やかに一変する。まさに香りは〝魔法のしずく〟です。

そうした〝魔法のしずく〟をもっと活用していただくべく、私も、今まで以上に「香り」を探求し続けていきたいと思います。

# 07 佐藤直紀

作曲家

## 『ALWAYS三丁目の夕日』や『龍馬伝』、超人気作曲家が大切にしていること

**映画、**ドラマ、CM 等、さまざまな音楽分野で活躍する、作曲家の佐藤直紀さん。日本アカデミー賞、最優秀音楽賞受賞作『ALWAYS 三丁目の夕日』や NHK 大河ドラマ『龍馬伝』をはじめ、映像作品に寄り添う音楽で、多くの人々の心を揺さぶっています。ときに天才と称される仕事に対し、「才能を感じたことはなく、いつもギリギリの状態」だと語る佐藤さん。常に時代の最先端を走り続けてきた背景には、自らに厳しく課した、妥協なき仕事への姿勢がありました。

**Profile**

さとう・なおき／作曲家

東京音楽大学作曲科卒業後、CM、ドラマ、映画等、さまざまな音楽分野で幅広く活躍する。2006 年『ALWAYS 三丁目の夕日』が、日本アカデミー賞の最優秀音楽賞を受賞。映像に寄り添う音楽で監督をはじめとする制作側からの直接オファーが殺到する人気作曲家

## 〝自由と楽しさ〟に溢れた音楽との日々

**佐藤氏：**僕が小さかった頃は、『ザ・ベストテン』や『夜のヒットスタジオ』などのテレビの歌番組が全盛期で、音楽が自然と身近に感じられていました。

とはいえ、この頃はまだ、音楽はたくさん抱いていた興味のうちの一つに過ぎませんでした。

小学4年生のときに吹奏楽部に入ったのですが、音楽にきちんと触れたのはそれが初めてだったように思います。

一人っ子で育ったためか、僕の興味のあることはなんでもやらせてくれる両親で、イージーリスニングの第一人者と言われるポール・モーリアやニニ・ロッソのコンサートに連れて行ってもらったりと、自分がいいと思ったことはやらせてもらえる環境にはいたと思います。

**――興味の赴くまま、自由にのびのびと過ごされます。**

いくつもの出会いが、僕を作曲家という世界に導いてくれ、そして自分が思うままに歩み続けさせてくれました

**佐藤氏：**親から唯一強制されたことは、私立の日出学園への進学くらいでしょうか。
　その学校には吹奏楽部がなかったので、僕は行きたくなかったのですが、どうやら親としては、当時蔓延していた校内暴力を避ける目的があったらしく、そのときも「行きなさい」と命令はせず、「日出学園でも吹奏楽部ができるらしいよ〜」と、そそのかすような（笑）。そんな感じでした。

　結果的には、ここでの音楽との出会いが、その後作曲家を志すことに繋がっていくので、本当に偶然が重なったと思います。
　一時期、プロレスラーに憧れていたりもしましたが（笑）、少なくともここに入学していなければ、作曲家を目指さなかったかもしれません。

日出学園では、母が言ったような吹奏楽はできなかったのですが、代わりに音楽の先生が、楽器ができる子を5～6人集めて同好会のような形でアンサンブル（演奏団）活動をやっていました。

ときはバンドブーム全盛期。ミーハーだった僕も、皆と同じようにギターをやりたいと手を挙げるわけですが、すぐに他の人のほうが上手いことがわかり、代わりにピアノをやることになりました。

当時好きだったハワード・ジョーンズやTOTOのキーボードに憧れを抱いていて、なおかつ男子で鍵盤楽器を弾けるのは珍しいし、「ピアノができたらカッコいいかも」と思ったんです（笑）。

## 「今から作曲家なんて無理だよ」否定を原動力に進んだ作曲家への道

**佐藤氏：**それでピアノを習うために、近所にあった音楽教室に通うことになるのですが、ここでまた大きな節目を迎えました。その音楽教室の先生は、いろいろな楽器を演奏できて、なおかつ作曲もできる方で、「音楽は自由で、強制されるものは何もない」という教えでした。

当時、世の中の多くの音楽教室が、ことクラシックにおいては、演者に対して譜面への忠実な演奏を求めていましたが、その先生の「音楽はもっと楽しくていい」と言ってくれた言葉は、当時としては非常に珍しいことだったそうです。

学校で教えてもらう音楽とも違う、〝自由で楽しい音楽〟に触れたことで、どんどんピアノ演奏にのめり込んでいきました。

そのうち曲をアレンジするだけでなく、曲

将来は作曲家になりたいという自分に対し、周囲から返ってきたのは「今から作曲家なんて無理」という反応でした

をつくるという、さらに自由で楽しい行為を知ることになったのですが、これが「作曲＝楽しい」という原体験でしたね。中学2年生くらいのことだったと思います。

このとき、「将来作曲家として生きていきたい」と思うようになったんです。

**――楽しさから、自分の将来を見つけることができたんですね。**

**佐藤氏：**作曲すること自体は楽しかったのですが、まわりの反応はあまり嬉しいものではありませんでした。

作曲家になるために必要な道のりを調べていくうちに、音楽大学に進学する必要があることはわかったのですが、まわりの大人からは「作曲家を志すような人は、もっと早い段階から目指している」「今から作曲家なんて無理。君はなれないよ」と、さんざんな言われようだったんです。

もちろん意地悪からではなく、むしろ本当に僕の将来を心配してのアドバイスだったと思います。

確かに「譜面も読めないし、ピアノ演奏もおぼつかない。絶対音感もないし……」と、不利な点を挙げればキリがなかったのですが、若さ故のプラス思考というか、そんな否定的なアドバイスを聞いてもなお、「そうはいっても、やるべきことをやっていれば、なんとかなるだろう」と楽観的でした。

まわりの大人の意見は、僕にとってあきらめの材料にはならず、むしろ「そんなに状況が悪いんだったら、もっと頑張らないと」と、そっちの方向に気持ちが向いていましたね。

そういう状況の中で、親だけは、「早い段階で自分の好きなことが見つけられたのはラッキーなことだから、やってみなさい」と応援してくれていました。

## 同級生との実力差に唖然 才能に追いつくためにやったこと

**佐藤氏：**天賦の才能もないみたいだし、さらに人より始めるのが遅いとあらば、あがいても仕方がないので、やるべきことをとことんやるしかありませんでした。

高校時代は、もうこれ以上はできないだろうというところまで、ひたすら音大を目指してすべての情熱と時間を注いでいました。

東京音楽大学の合格通知を手にしたときは、「作曲家なんて無理」と言われ続けた僕にも、なんとか道筋が見えてきたような気がしました。


**――作曲家としての一歩を、少しずつ着実に歩まれています。**


**佐藤氏：**ところが入学早々の作曲レッスンの時間で、すぐに、僕より何倍もの実力を持ったクラスメイトたちとの「段違いの差」を感じてしまったんです。

僕の在籍していた作曲科の映画・放送音楽コースは全部で8人くらいいて、一人ひとり自分の作曲した曲を発表する時間だったのですが、他のクラスメイトの発表する曲を聞けば聞くほど、自分の曲の完成度に唖然とするばかりで……。

自分の発表が近づくにつれ、恥ずかしい気持ちでいっぱいになり、その場を逃げ出したくなるほどでした。

「どうしたら、クラスメイトたちとの圧倒的な実力差を埋められるか」。まずは彼らに近づくために、できそうなことを考えることから学生生活は始まりました。

結局のところ、その差を補うには、人の何倍も努力し続けるしかないと考え、学

音大時代は同級生との圧倒的な実力差を感じていました。それを補うために、とにかくたくさん音楽を聴き、ひたすら曲を書き続けていました

生時代はとにかくたくさん音楽を聴き、ひたすら曲を書き続けたんです。

今思えば、もっと他にも学ぶ方法はあったはずなのですが、とにかく追いつくことに必死で、自分を俯瞰して見る余裕すらありませんでしたね。

ただこのときも、圧倒的な実力差をどこかで楽観視していて、いつか追い越そうとは考えていました（笑）。


結局、大学時代には追い越すことはできませんでしたが「ようやく少しは肩を並べられるようになったかな」と思えたのは、卒業も間近の頃。

同級生たちの背中を追い続けた4年間でしたが、さまざまなジャンルの作曲に挑戦できたこの時期は、後々職業作曲家としてやっていくうえで基礎となる、貴重な時間となりました。

## 「数ヶ月間仕事ゼロ……」連戦連敗、最後の一矢が射抜いた大舞台

**佐藤氏：**同級生たちに追いつくことで精一杯だった4年間でしたが、卒業間際に制作した曲が偶然、学校の先生に聞かれる機会に恵まれ、それがきっかけで卒業後は、そのまま先生の元で学ぶ機会をいただきました。

超一流と言われる先生のお仕事を間近で学ぶことができ、無理だと言われていた作曲家という仕事が、現実的な未来を描けるようになったことに、嬉しい気持ちでいっぱいでしたね。

先生について3～4年経つ頃には、少しずつ僕自身にも依頼をいただけるようになり、そこで作曲家「佐藤直紀」として世に問うてみようと、独立したんです。

その当時、やってみたかったのはまずCM音楽でした。今よりも尺（時間）も長

く、映像も音楽も自由で、最先端の魅せ方に挑戦、冒険できる余地が、ＣＭにはあったんです。

何より、特定の作品音楽であればチャンネルを回さないと聞かれないのに対して、ＣＭであればより多くの人に自分がつくった曲を聴いてもらえるというところに、大きな魅力を感じていました。

## ――作曲家として活躍する舞台を、ＣＭ制作の現場に見出されます。

**佐藤氏：**まずはＣＭ制作会社にアプローチするのですが、「規模の大きいところだと相手にされないだろう」と、中小のＣＭ制作会社に狙いを定めました。

東京にあるほとんどの制作会社に応募書類を送ったと思います。ところが、いいお返事は一つもいただけず、どこに応募してもまったく反応がなく、数ヶ月経っても仕事を掴める気配すらありませんでした。

もうどこにも当たるところがなくなったときに、最後に残ったのが、一番はじめに「ここは大手すぎて、自分のような若造は相手にしてもらえないだろう」と考えていた会社でした。

「どうせだめだろう」と、ダメ元で応募書類を送ったのですが、その最後の1社からまさかの採用連絡をいただけたんです。

すぐに専属契約を結んでくれ、今までの連戦連敗の日々が嘘のように状況は一変し、トントン拍子で進んでいきました。大きな会社ほど、抱える案件も多く、若手にとって「チャンス」があるんだということを知ったのは、それからしばらく経ってからでした。

いい意味で自分の当初の目論みが外れたことで、先入観で動くことの危うさを知ることもできました。

## CM、歌、劇伴《げきばん》……。節目の「出会い」で広がった作曲の仕事

**佐藤氏：**幸運にも専属契約を結ばせてもらったそのCM制作会社では、同世代の若いディレクターと組ませてもらって、一緒にいろいろなお仕事をさせてもらいました。

この頃は1日に2〜3本以上というハイペースでCM音楽制作に携わることも珍しくなく、年にすると120本以上と、本当にめまぐるしい日々を送っていました。

ご依頼いただくクライアントの業界も多岐にわたりましたが、さまざまなクライアントさんと関わらせていただくことで、それぞれの業界ごとの「要望の傾向」のようなものを、少しずつ掴めるようになっていったんです。

この経験は、その後どんな曲でもつくれることが要求される「職業作曲家」として生きていくうえで、大いに役立ちました。

**——CM作曲家時代の仕事が、その後に続く大きな素地になっていたんですね。**

いつ巡ってくるかわからないチャンスを掴むためには、日頃の準備が欠かせない。「〝才能〟がないと自覚している僕は、日々の素振りで多くのチャンスをいただいてきました」

**佐藤氏：**クライアントさんのいかなる要望にも応えることが必要とされるＣＭの作曲という仕事は、昔からクラシックもイージーリスニングもポップスも好きだった自分にぴったりの仕事でした。

ところが、ちょうどその頃を境に、世の中のＣＭをめぐる環境は、尺（時間）も長いもので１２０秒あった時代から、60秒、30秒、今では当たり前になった15秒と、気づけば、作曲するのはこうした短いＣＭばかりという状況でした。

短いものが悪いというわけではありませんが、「それだけをやり続けることが、果たして作曲家と言えるだろうか」、という気持ちが涌き起こってきたんです。

奇しくも「劇伴をやらないか」と誘われたのは、そうした迷いの時期の最中でした。

未経験の分野でしたが、「何でも挑戦してみよう」とお誘いを受けることにしたんです。

はじめて劇伴という作曲ジャンルに触れたとき、音楽単体とは違った魅力、映像と交わることによって作品全体が「生き生きとしてくる」と感じ、自分の次に進む道はこれだと思えました。

こうしてCM、歌、劇伴とその時々の仕事を評価いただき、そこからの出会いで徐々に今のように幅が広がっていきました。

このとき、はじめて手がけた劇伴がアニメ『X（エックス）』というものでしたが、そこから、アニメだけでなく映画をはじめとする、さまざまなジャンルの劇伴作曲家としての活動へとつながっていったんです。

**――「出会い」の連続で、今の仕事に繋がってきたんですね。**

**佐藤氏：**1本目のドラマとしてお話をいただいた木村拓哉さん主演の『GOOD LUCK!!』は大ヒットしたドラマで、それも運がよかったんです。

また、そのドラマを見てくれたプロデューサーの方から、その後ドラマ『海猿』の仕事をいただくことにもなりました。

振り返ってみて、つくづく僕の人生を動かしてきたのは、「出会い」だったと感じています。

出会いのチャンスは、ある程度誰にでも平等にあると思っていますが、チャンスが巡ってきたときに、そのチャンスを掴む準備ができているかどうかがとても重要だと思うんです。

どの世界も同じだと思いますが、一番大事なのは諦めずにやり続けることだと思っています。打席に立つまで、素振りし続けること。

「才能」がないと自覚している僕は、そうして多くのチャンスをいただいてきたように思います。

## 「持てるすべての情熱を音楽に」劇伴作曲家の終わらない宿命

**——映像とともに、多くの人たちの心を揺さぶる音楽を届けられています。**

**佐藤氏：**特に映像に音を重ねる劇伴の場合、その映画作品がどういう意図を持ってつくられたものか、どんなメッセージを持っているかを理解することは、作曲するうえで何よりも大切なことです。

例えば喜怒哀楽の「哀」を表す言葉一つとっても、どんな風に「哀しい」のか、それは幾通りもあるはずです。

作曲とは、自分の生きる道そのもの。でも、もちろんその道を、ただ完走するだけでいいとは思っていません。大切なものをブレずに貫くだけです

曲を重ねようとする映像作品が、どういう意味を持っているかを理解せず、ただ譜面を書いただけでは、人の心を揺さぶる曲はできないと思っています。

だから僕は、映画などの作曲をさせていただくときは、監督から直にメッセージを聞けるよう、なるべく直接会わせてもらうようにしています。

そこで直に感じた想いをどれだけ自分のフィルターを通して、曲に反映できるか。そこから僕の仕事がはじまるんです。

劇伴はあくまで作品全体の一つの構成要素であって、曲をつくる職業作曲家に求められるのは、メッセージ性のある映像に寄り添うことだと思っています。

それと同時に気をつけているのは、「どんなに突拍子もない意見も、一度は耳に入れて聞くこと」です。

こういう仕事をしていると意外に難しいのですが、「自分がいいと思った曲はいい」ではなく、例えば、若い制作スタッフさんが何気なく発した意見も、とりあえず肯定の姿勢で聞いてみる。

切り捨てずに、すべての可能性を拾うことで、自分の中に新しい発見が生まれ、今までにない曲が生まれることもありますし。

**――よりよい作品づくりのための、曲づくり。そのために、できることは惜しみなく。**

**佐藤氏：**何度も映像を確認しながら、音をつくり、合わせていく。誰も見ていないような細部にとことんこだわることで、納得のいく曲が生み出されます。「効率」を求めた瞬間、音楽の完成度は止まってしまいますし、「こなして」しまった瞬間に、作曲家としての僕は死んでしまうと思うんです。

いいものを一所懸命、持てるすべての熱量を注ぎ、試行錯誤しながら生み出すことは、作曲家であり続ける限り終わらない宿命のようなものだと思っています。

実は今も、新しいご依頼をいただくたびに、どこまでクライアントさんと自分が納得できるものを生み出すことができるのかを考えてしまいます。

「本当に締め切りまでにいい音楽を生み出せるだろうか」と思うこともしきりで、正直なところ、そのギリギリの状態を行き来する中で、毎回奇跡が起こっているような感じなんですよ。

## 「あと10年が限界かも……」先頭を走り続ける作曲家の覚悟

**佐藤氏：**こと劇伴において、自分の役割は映像作品の魅力をより伝えるための「お手伝

最先端でいられるのは、あと10年が限界かも……。自分が先頭でなくなったら、潔く身を引く覚悟です

い」だと思っています。

劇伴は映像作品という中において、たまたま目立つ存在かもしれませんが、数ある裏方のうちの一つで、主役はあくまで映像。

そうした縁の下の仕事の先に、印象に残るシーンが生み出されて、はじめて劇伴作曲家としての仕事が完結するんです。


当たり前ですが、クライアントからお金をいただいて作曲している以上、そこに優先させるべきは、僕の音楽性ではなく、いかに作品の魅力が伝わり、観客の感情を揺さぶる音楽をお届けできるか、そこに尽きると思います。

自分がつくった好きな音楽を聞かせたいのなら、僕が自前でアルバムをつくって配るなりすればいいことなので（笑）。

**――作品をよりよいものにし、印象に残るシーンを演出する音楽を届ける。**
**佐藤氏：**職業作曲家が世間とズレたものをつくったときは終わり。そういう意味で、僕は今46歳ですが、第一線でいられるのはあと10年もないんじゃないかと思っています。やはり、流行や最先端の音楽は若い人の方が時代にあった感性もあると思いますし、自分が50代の後半になって、先頭を走っていられるとは思わないんです。それは、逆に僕が若いときに巨匠と呼ばれる方々の曲を聴いて、素直に感じた印象でもあります。

作曲は僕にとって生きる手段でもあり、自分の生きる道そのものでもあります。ただ完走すればいいとは思っていません。毒にも薬にもならない曲をつくろうとは思いませんし、世間とズレたものをつくり続けようとも思っていません。だから先頭集団から脱落した瞬間に、僕の作曲家人生は終わるのでしょうし、また、終わらなければいけないと思います。

いつまで、その最前線に立っていられるか。実はそんなに長くはないのかもしれません。

とにかく今はただ、いただいた仕事の一つひとつに全力でぶつかりながら、挑戦し続けたい。

先頭でなくなるその日まで、観る人の心を揺さぶるような、映像とともに印象に残る音楽を、これからも届けていきたいと思います。

# 08 パトリック・ユウ

スタジアムDJ

## スポーツを愛するDJが作り出す熱気に満ちた空間

「観客を最大限に盛り上げる」――。さまざまなプロスポーツの世界で、選手と観客の一体感を作り上げる、スタジアム DJ のパトリック・ユウさん。チームの垣根を越えて盛り上がる独自の DJ スタイルが生まれるまで、故郷である神戸での被災、挫折、30 歳を超えての上京を振り返りながら、「今自分は、一番好きだった世界の最前線にいる」と語るパトリックさん。そこには、こだわるからこそ生まれた「もう1つの夢の叶え方」がありました。

**Profile**

ぱとりっく・ゆう／スポーツ DJ
東京ヤクルトスワローズスタジアム DJ、サンロッカーズ渋谷アリーナアナウンサー、ラグビーのトップリーグを始め大学選手権や代表戦のスタジアムアナウンスをメインに活動。その他スポーツイベントや音楽系イベントの司会なども幅広く精力的にこなしている

## 「居場所がなければつくればいい」少年野球チーム〝チーターズ〟の結成

**パトリック氏：**僕は、外資系の企業に勤めていたアメリカ人の父と、舞踊家の家系に生まれた韓国人の母との間に、東京の千駄ヶ谷で生まれました。

僕が生まれて数年で、父はアメリカに帰国するのですが、実は両親の間には正式な婚姻関係はなく、母は息子である僕だけがアメリカに引き取られるのが心配で、5歳ぐらいになった僕を抱えて神戸に引っ越したんです。

東京生まれの神戸育ちというのは、そうした理由からですね。

僕が小さかった頃は、比較的外国人が多かった神戸でさえ、「ハーフ」は珍しい存在でした。地元の幼稚園に入園したのですが、何もしなくても目立ってしまい、何か事があると、すぐにやり玉に挙げられていました。

「自分は何かいけないことをしたのかな」と、いつも腑に落ちないものを心の中に感じていたのですが、母に余計な心配をかけたくなかったので、そうした悩みは悟

今こうして、ヤクルトスワローズの一員としてDJの活動ができることを、本当に心から感謝しています

られないように、「いい子にしてなあかん」と、いつも思っていました。

**――今のような、人前に出るようなタイプではなかった。**

**パトリック氏：**むしろ、目立つことを極力避けていましたね。これは今でも少し影響しているのですが、自分ひとりの居場所や時間をつくれることを、心地よく感じていました。

母はそんな僕の萎縮《いしゅく》ぶりをすぐに見抜いて、「このままではよくない。将来のために少しでも自由な環境に置こう」と、多くない稼ぎの中から高い学費を払って、僕を神戸三宮にあるインターナショナルスクール「聖ミカエル国際学校」に通わせてくれたんです。

そこから少しずつ、自分がしたいことを伸びのびとできるようになり、性格も明るく行動的に変わっていきました。

当時、野球選手はみんなが当たり前のように憧れる存在で、僕も同年代の子と同じように野球に興味を持つようになりました。

ところが、通っていた聖ミカエル国際学校には野球部がありませんでした。僕は、「チームがなければつくればいい」と、みずから学校の先生やチームメイトの親を説得して「チーターズ」という草野球チームをつくってしまったんです。

一丁前にスポーツ店の店員さんと交渉をして、チームの名前が入ったユニフォームも格安の値段でつくってもらったりして（笑）。それくらい積極的な性格に変わっていったんです。

「チーターズ」は結成当初、練習相手もいなかったのですが、学校の先生やまわりの大人たちに協力を仰いで、地元の小学校と試合を組んでもらっていました。

また、僕たちの活動を偶然知った神戸新聞の記者の方がコーチについてくれるなど、何かとまわりから応援されていました。
この頃の夢はもちろん野球選手。野球三昧の日々は、中学生になるまで続きました。

## 「一生の仕事」に一目惚れ16歳でDJの世界に飛び込む

**パトリック氏：**中学校からは、同じ神戸市内にある「カナディアン・アカデミー」という別のインターナショナルスクールに通っていたのですが、そこでは野球の代わりに、もっぱらバスケに夢中になっていました。
相変わらず自由にさせてもらっていたのですが、だんだん成長するにつれ、子どもながらに、家の経済状況というのがわかってくるんですね。

〝居場所がなければつくればいい〟。そうして僕も、DJとしての道を開拓し続けています

ある日、僕の学費などで年間三百万円近い出費をしていることを知り、もうこれ以上、母に金銭的な負担はかけられないと、高校進学のタイミングで、学校に通わずに働く選択をしました。

ちょうどその頃に、先輩が店長を務めていたディスコを訪ねる機会がありました。まだ16歳でしたが、当時すでに身長も今とほとんどかわらず185㎝はあったので、（それでも本当はダメなんですが）お店の中に入ってみたんです。

大人の世界を覗くような気分でしたね。

ところが、ちょっと覗くつもりで入ったディスコで、強烈な光景を目にしてしまったんです。

今でも思い出すとそのときの興奮が蘇ってくるのですが、きらきらとした照明、会場にひしめくたくさんの人と熱気、そしてその真ん中で（後にこれがＤＪブースだということを知るのですが）で、ヘッドホンを耳にあて、レコードを針にかけダンスフロアを盛り上げている……。

「ＤＪ」という仕事があることを、このとき初めて知ったんです。

**――一挙手一投足、すべてが目に焼き付いているんですね。**

**パトリック氏：**もう一目惚れでしたから（笑）。「俺の道はこれだ！」と、その日すぐに弟子入りを志願しました。

年齢の面など、いろいろとグレーでしたが、当時できる最大限の配慮で、なんとか無給の見習いとして働かせて（？）もらえることになりました。

夕方5時から働いて、店が終わった後に、先輩DJから手ほどきを受ける日々。毎日くたくたになってもおかしくないくらい働いているはずなのに、自分のしたいことができる幸せは、他の何にも代え難いもので、心身ともにやる気に満ちあふれていました。

最初は、先輩たちの選曲のやり方、照明の操作など、すべてを見よう見まねで、「盗む」つもりで張りついていましたが、そのうち、わからないことは積極的に尋ねるようになっていましたね。

母は「悪いことさえしなければ、あなたの好きなように」と、優しく見守ってくれましたよ。

## 阪神淡路大震災で生き残った自分にできること
## エンターテイナーとして生きる意味

**——一目惚れしたＤＪの道を邁進されます。**

**パトリック氏：**本当にご縁に恵まれていたな、と思います。見習いから1年後に他のお店からもお声が掛かるようになり、その後ＤＪだけでなくお店の運営部分のお仕事にも携わったり、イベントのＭＣなど、徐々に活動の幅が広がっていきました。

もっとＤＪを極めて、インターナショナルスクールで身につけた英語力も活かしたいと考え、ラジオの制作会社などにデモテープを送り、それがきっかけで、1本のラジオ番組を地元神戸の『Kiss FM KOBE』で持つことになるなど、その間約10年、順調にＤＪ人生を歩んでいました。

ところが、ラジオＤＪデビューした翌年の95年、突如、ＤＪ人生が振り出しに戻るような大きな出来事が起こりました。

人生の岐路となった阪神淡路大震災の経験。それから自分の仕事に、「意義」や「覚悟」を考えさせられるようになっていきました

年のはじめの17日に起きた、阪神淡路大震災です。僕が当時住んでいた場所は神戸市の長田区で、市内でも特に被害が大きかったところ。僕の実家も半壊しましたが、かろうじて自分を含め家族は無事でした。

前年から担当していたラジオ番組も含め、すべて緊急災害情報番組に切り替わり、僕たちも交代で局に泊まり込みながら、災害情報や生活情報などを伝えていました。

発信側も、リスナーも被災者ということで、みんな必死になって自分ができることを探していました。

このときの体験は、「好き」で始めた自分のＤＪという仕事に、それだけでない「意義」や「覚悟」を見い出す、大きなきっかけとなりました。DJである自分にできること、やらなければならないこと、そしてリスナーから求められていることは一体何なのか……。

それまでは正直、憧れだけで10年近くやっていましたが、それからは、エンターテインメント業界で生きる意味、そして、何かを人に伝えることの重要性についても考えるようになりましたね。

## 誰のため、何のため……、空回る想い。30代ではじめて味わった挫折

**パトリック氏：**震災以降、自分の役割について何度も自問するようになった僕は、前にも増して、DJという仕事に前のめりになって取り組むようになりました。「もっとリスナーのためになる番組をつくりたい」。そのためには、番組づくりにも積極的に参加できるよう、早く影響力も持つ必要がある。人より何倍も勉強して、3年かかるところを1年で吸収しないといけない。

また、リスナーのためになると考えたら、業界のルールをも無視して、自分のスタイルを貫く……。

ところが、その焦りに追われた「頑張り」が、今思えばまわりの状況が見えない「空回り」の原因だったんです。

本当はその前にもっと自分の話術を磨くなど、ＤＪとしてやるべきことは、たくさんあったはずなんです。けれど、当時はそれが見えていなかったんですね。

無我夢中も大切なことですが、それだけだとうまくいかないこともあるんだなと今になって思っています。そして、僕のＤＪという仕事、番組づくりへの気持ちとは正反対に、当然のようにまわりの反応は悪くなるばかり。

うまくいかない苛立ちから身体も壊し、自律神経失調症と原因不明の腹痛で精神的にもボロボロ。とうとう心が折れ、「プチッ」と、糸が切れた凧のようになってしまいました。

**――どこに飛んでいくかもわからない……。**

**パトリック氏：**マイナスのスパイラルに陥っていましたね。実はこの時期、僕は震災でせっかく助かった命を、投げ出したくなるところまで、追いつめられていました。

もう僕が思い描いている甘いＤＪ像なんて社会から必要とされていないという気持ちが、どんどん肥大して「誰も自分を必要としていない」と考えるまでに。

それはもう、言いようのない孤独感で、生きていても仕方がない、とすら感じるまでになってしまっていたんです。

「終わり」の場所を探して、なんとなく自分が生まれた東京を目指して西から東へ彷徨《さまよ》っていたところ、途中で偶然立ち寄ったのが、伊豆のジュディ・オング資料館でした。

母方のエンターテイナーのＤＮＡのなせる技なんでしょうか。直接歌詞とは関係なく、ある曲のメロディーを聴いただけで何故だか、体の底から、あらゆる感情が込み上げてきて、その場で涙が溢れてしまいました。

散々泣き明かしたおかげか、その日を境に、何か吹っ切れたように不思議と身体が軽くなっていきました。

　原因不明の腹痛も治まり、気力も徐々に戻って、もう一度ＤＪの道を歩こうと決めるまで回復できたんです。

　そして次の新天地は東京と決めたとき、僕は34歳になっていました。

## 「自分の能力なんて顧みなかった」限界を超えてこそ掴める次へのチャンス

**――34歳、ゼロからの再出発。パトリックさんの上京物語が始まります。**

**パトリック氏：**「今度こそ、何でもできるんだ」。そう自分に言い聞かせ、いただいたお仕事は、どんな些細なことでも基本断らずに、

自分の殻を破って拳の届く「半径」を広げていく。できることだけ選んでいても、なかなか世界は広がりませんからね

常にラストチャンスだと思って全力で取り組んでいましたね。

チャンスを目の前にして、少し不安があったり、キャパオーバーだなと思ったりすることは、誰でも当然あると思います。けれど、あえて躊躇せずに、能力なんて顧みずに手を挙げてみる。

できることだけ選んでいても、なかなか広がりません。自分の殻を少しずつ破って、拳の届く「半径」を広げていく。すべては行動あるのみだと実感しています。


**――そうして、偶然のチャンスを着実に掴む準備をしていく。**


**パトリック氏：**今年で10年目になる、東京ヤクルトスワローズ、神宮球場のスタジアムＤＪのお仕事も、偶然のタイミングで掴んだチャンスの一つでした。

あと少し、タイミングがズレていたら、もし「やらせてください！」と手を挙げていなかったら、僕はもしかしたらＤＪという職業すら続けてこられなかったかもしれません。

この10年間、東京ヤクルトスワローズではスタッフの皆さんと、いろいろなチャレンジをさせてもらいました。

客席にブースを設けて、「外に出る」アナウンススタイルも、後からできあがったもので、最初は普通に場内ブースでのアナウンスだったのを、いかに臨場感を観客に伝え、一緒に高揚感を分かち合えるかを考えた結果生まれたものなんです。

## 一つひとつを大切に、全力でスポーツＤＪの「不変」をつくり続けてゆく

**パトリック氏：**もし誰かが今、「第一志望」の道を歩んでいないと思っていても、決して諦めないで欲しいんです。

自分が今歩いている道で、できることがあるんだということをお伝えしたい。夢の叶え方は一つではないと思うんです。

夢はダイレクトに叶わなくとも、自分の得意とする別の道、もしくは与えられた環境の中で、夢に近づくことはできるんじゃないでしょうか。

日本におけるスタジアムＤＪの文化は、まだ深くはありませんが、僕が楽しみながら仕事をする姿を見てくれることで、スポーツが好きな子どもたちの、夢の職業

の選択肢の一つになればいいなとも思っています。

**――これからもパトリックさん自身が楽しみながら、最前線に立ってファンの皆さんと一緒に盛り上げていく。**

**パトリック氏：**こと神宮球場でのスタジアムＤＪのお仕事は、ファンの皆さんと築きあげてきたもの、自分だけの仕事じゃないという感覚があります。

野球をはじめ、スポーツ観戦においてＤＪは主人公ではありません。あくまで裏方で、主人公は観客と選手です。

では、なぜ存在するのか。その意味を考えることで、自分が観客の皆さんにできることが見えてくるんじゃないかと思っています。

僕の、東京ヤクルトスワローズでのスタジアムＤＪのユニフォームとしていただいている背番号はパトリックで「８１０」。選手と観客を繋ぐ気持ちで臨んでいます。

今年でちょうど10年目、節目の年ということもあり、一つの目標があります。そ

もし今あなたが〝第一志望〟の道を歩んでいないと思っていても、絶対に諦めないで努力し続けてほしいです

れは、変わらない自分のスタイルを確立すること。

あえて変わらずに、「自分オリジナル」の形を維持することです。例えば神宮球場に来るお客さんは、ほぼ毎回の方もいれば、年に1回の人もいて、場合によっては初めて訪れる人も当然います。

そういう人たち皆さんが楽しめるDJでありたいと思っているんです。

そして「神宮球場に行けば、パトリックの声が聞こえる」「ああ、帰ってきたな」「神宮だな」と思っていただける、そんな懐かしいと感じていただける「声」を、これからも出し続けていきたいと思います。

# 09 多以良泉己

パン・ケーキ職人

## 競輪レースの大事故から奇跡の復活。
## 〝天使のパン・ケーキ〟職人の生きざま

北鎌倉の高台に構えられた、看板も売り場もないパン・ケーキ店「Gateau d'ange（ガトーダンジュ）」。店主を務める元競輪選手の多以良泉己さんは、競輪レース中の大事故で、生死の境を彷徨いながらも奇跡的な復活を遂げ、パン・ケーキ職人として新たな人生のペダルを漕ぎ出しました。14年先まで予約で一杯になる人気店を築き上げたのは、競輪選手時代に培った「挑戦し続けるアスリート魂」でした。

**Profile**

たいら・みずき／元競輪選手、パン・ケーキ職人
2005年のレース中の事故で生死をさまよう大怪我を負い引退。事故による高次脳機能障害を抱える中で、パン作りに第二の人生を見いだす。現在は北鎌倉天使のパン・ケーキ「Gateau d'ange（ガトーダンジュ）」のパン職人として、妻と息子の三人で、新たな道を歩んでいる

## 「賞金で煙突のある白い一軒家を建てる」華々しい競輪の世界に託した夢

**多以良氏：**競輪も今のパン・ケーキづくりも、その原点は幼い頃にありました。実は、焼き菓子づくりの経験の方が競輪よりも古いんです。お菓子づくりの雑誌や番組を、母と一緒に見ていたところから興味を持つようになりました。

そのうち、見よう見まねで母に手伝ってもらいながら材料をこねくり回していて、小学校にあがった頃にはもう、自分のおやつは自分でつくるようになっていましたね（笑）。

競輪は父の影響でした。僕の家はどちらかというと裕福な方ではなく、そのためか、頑張れば億単位のお金を稼ぐことができる競輪選手という職業に、父は人一倍強い憧れを抱いていたのかもしれません。

はじめて競輪を目にしたのは小学3年生のとき。父に連れて行ってもらった宇都宮競輪場での競輪の試合を見て、自分もどんどん興味を持つように。

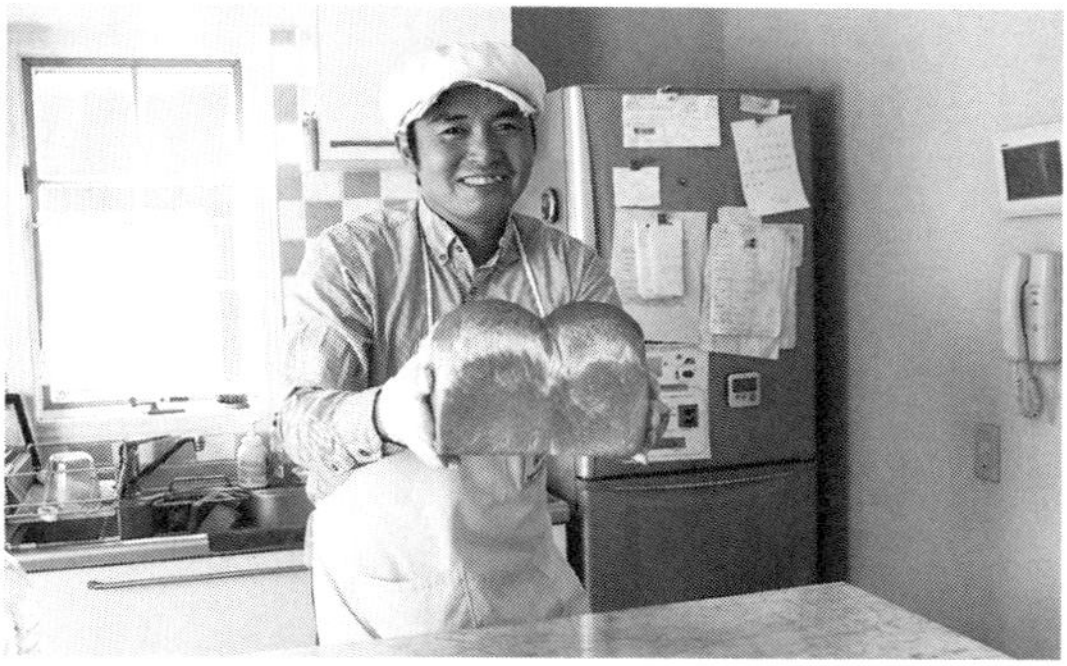
頑張れば相応の収入を得られる競輪選手に強い憧れを持っていた。小学校の卒業文集には「競輪選手になる」の文字が

当時花形だった中野浩一選手に憧れ、小学校の卒業文集にはすでに、「将来は競輪選手になる」と書いていました。

それと同時に、一軒家への憧れから「30歳までに煙突のある白い一軒家を建てて住む」と、自分の中で具体的な将来への目標も定めていましたね。

とはいえ、まわりに競輪選手を目指す人もなく、そうした環境もありませんでしたから、20歳になるまでは独学でした。

小学生のとき流行っていたテレビアニメ番組の主人公を真似して、手首と足首に鉄アレイをつけて自転車を漕ぐことを「修行」と称してやっていましたね（笑）。

**――憧れを、少しずつ形に。できることから。**

**多以良氏：**成長するにつれ、具体的にやるべきことを逆算して考えられるようになりましたが、「目標を決めたら、まずは一歩を踏み出す」「できることからやってみる」という性格は、この頃からだったように思います。

高校生の間は、憧れの中野浩一選手を見習って、同じように陸上部に所属して身体づくりから。

卒業後は、日本競輪学校に入学するため、日中は練習、午後11時から午前7時までは清掃のアルバイトをしながら学費を稼いでいました。

## 1000人中5人の狭き門 6回目の挑戦でようやく拓けた競輪選手への道

**多以良氏：**ある程度貯金ができたところで、20歳からは藤沢市のプロコーチに師事し、練習チームに加わりました。

午前中は100キロ走破、午後はグラウンドでの練習と、1日中自転車漬けの毎日。競輪選手への憧れは幼い頃から持っていたものの、早い段階で競輪選手になるための訓練を受けていたまわりの練習生との実力差は歴然で、最初は、練習に追いつくのがやっとで……。

まわりとのハンデにもがきながらも、それでもしがみつく思いで続けているうちに、タイムは徐々に伸びていきました。

ただ成績は上がったものの、その間の生活費を稼ぐために、練習後も午後6時から11時までアルバイトという生活は変わらず、また親にもいろいろな負担をかけていたので、「早く合格しなければ」という焦りも生まれていたんです。

そのプレッシャーから、入学試験の本番では、いつもの力を発揮できず、受けては不合格の繰り返しでした。その頃は、不合格通知

競輪選手から、パン・ケーキ職人として生きる道へ。新たな道への応援の声は予想以上に大きいものでした

を手にするたびに、「(受験資格年齢の上限まで) あと少ししかない」と、ますます焦っていたのを思い出します。

**――その間、諦めて別の道に進もうとは……。**

**多以良氏：**その頃の僕には、とにかく「競輪選手になって、賞金で煙突のある白い一軒家を建てる」という目標しか頭にありませんでした。

一度決めたことはやりきらないと、気持ちが落ち着かなかったんです。

当時、日本競輪学校の入学試験では全国から1000人くらいの入学志願者がいて、そこから何度かの選考を経て、最終的には5人しか合格できないという状況でした。僕が合格できたのは、年齢制限ギリギリの23歳のとき。

受験6回目にして、ようやくの合格。最後の試験も、技術や体力はそれまでとさほど変わっていませんでしたが、心は「これで最後だ」と開き直っていたんです。

このときに、「気の持ちようで結果は変わる」ということを実感しましたね。

なんとか入れた競輪学校でも、自分の競技スタイルと学校の練習スタイルのギャップや、スパルタ式の教育に苦労したのですが、「ここを突破しなければ」と、気の持ちようを変えてみることで、なんとか乗り切っていました。

もともとメンタルは強い方ではないのですが、見方を少し変えてみることで、新しく道が拓けることを学んだ時期だったと思います。

そうして、競輪学校での1年間をなんとか乗り越え、ようやく競輪選手のプロライセンスを手にすることができたんです。

## 常に襲うプレッシャーと相次ぐ怪我
## 新しい景色を見せてくれた生涯の伴侶との出会い

**――いよいよ、念願の競輪選手として漕ぎ出します。**

**多以良氏：**プロになると、すぐに全国の競輪場を舞台に戦うことになります。

プロにもB級、A級、S級とランクがあり、最初は一番下のB級からスタートするので、賞金も今考えるとそんなに高額というわけではなかったのですが、それまでのアルバイトで手にするお金とは桁違いの金額に、当時は驚きを隠せませんでしたね。

ただ、僕の今までの人生を振り返るといつもそうなのですが、いいことの後には、何かしら反動があるんです。プロとしてデビューした矢先には、父が病気を患ってしまって、稼いだお金も治療費に充てていて。

その後の選手生活も、成績こそ徐々に上がり賞金額も増えていったものの、途中では、さんざん怪我に悩まされていました。

腰椎骨折、前歯と顔面粉砕骨折、鎖骨は左右2回折っていて、左の方には今もボルトが入っているのですが、これらの事故は、いつも上がり調子の一歩手前。

一度怪我をしてしまうと、なかなかレースの勘を取り戻すのが難しく、以前の感覚とのズレから生じるストレスで、順風満帆とはほど遠いものでした。

そうやってひとりで悶々としている時期に現れてくれたのが、のちに奥さんとなる「総子《ふさこ》さん」でした。年上で競輪界の先輩ということもあり、体育会系の僕としては今でも常に敬語です（笑）。

レース場での仕事上の出会いがきっかけでしたが、競輪一本で進んできた僕とは違い、モデルや司会、映画や雑誌の仕事など、あらゆることをこなす彼女に、「自

夢だった競輪選手として活躍し、生涯の伴侶にも恵まれ「煙突のある白い一軒家」も手に入れたのだが……

分にないものを持っている」と、惹かれていったんです。

知り合いだった同期に頼み込んで、なんとか連絡をつけてもらい、そこから交際に発展。独身時代は、試合とトレーニング以外は大船の六畳一間のアパートに籠もりっきりでした。

でも、彼女と知り合ってからは、外に出てキャンプや登山をしたり、新しい練習方法を示してもらったりと、今まで知らなかったさまざまな景色を見せてくれました。


「煙突のある白い一軒家を建てる」夢を叶えてくれたのも彼女でした。

僕の30歳の誕生日に結婚したのですが、競輪以外何も知らなかった僕の代わりに、土地探しからローンの手続きまで、すべて奥さんが手配してくれ、そうやって夢を叶える二人三脚のチームはできていったんです。

## 突然の「一生寝たきり」宣告
## 復帰に向けた必死のリハビリ生活

**――生涯の伴侶も得て、幼い頃からの夢の一軒家も手に入れることができました。**

**多以良氏：**新しい生活に向けて心機一転、成績もどんどん上がり、ついに最高ランクのＳ級も目前というところまで来ていました。２００５年大宮競輪場での試合までは……。

その日のレースも、いつものように首位を争い先頭集団に。ところが、ゴール目前で突然、他選手の落車に巻き込まれ、僕はおでこからバンク（競輪場走路）に激しく叩き付けられました。

事故が起きた瞬間は、本当にスローモーションの世界で、ゴールを目の前にして、まわりの景色がゆっくりと回転しているかのようで。

ただ、そこからの記憶がなく、次に目が覚めたのは病院のベッドの上。

脳、頸髄《けいずい》を損傷し、1週間近く、意識不明の状態だったのですが、ただ、奥さんが駆けつけてくれたときには、無意識の中、涙を流していたようです。

**――総子さんは、当時の状況をどのように記憶していますか。**

**総子さん：**競輪場からの連絡を受けて、私が救急病院に駆けつけたときには意識はなく、顔面蒼白の状態。

首から下の感覚がない全身麻痺の状態で、医師からは「ここ数日がヤマかも知れません」と宣告されました。

生死の境をさまよったのち、ようやく意識が戻ったものの、脳のダメージから起こる失語症で言葉も出てこない、「1＋2＝3」といった簡単な計算もできない、まるで赤ちゃんに戻ってしまったような状態でした。

その日から、横に簡易ベッドを置いて付き添い看護が始まりました。

**多以良氏：**それまで何度も怪我は経験していましたが、「今回の怪我はいつもとは違う」とかなり焦りましたね。

時間とともに徐々に事の重大さがわかってくるのですが、最初は自分が置かれた状況を飲み込むのにとにかく必死でした。

幼い頃から憧れ続け、それだけを考えて文字通り競輪一本で走り続けてきたので、そのときの状況を到底受け入れられないという気持ちと、脳の損傷・後遺症からくる全身麻痺で、身体を動かせないことによる苛立ちから、奥さんに八つ当たりをしてしまうことも……。

**総子さん：**「家を建てて、結婚して、さあこれから」という時期だったので、ショックでした。

ただ、私まで落ち込んでいたら引っ張っていけない。「何かいい方法はないか」と、体をさすったり、常に言葉をかけたり、アロマを焚いたり、超音波を聴かせたり、さまざまなリハビリを一緒になって取り組みました。

**多以良氏：**リハビリにパンづくりがいいと聞いたのもこの頃でした。その後、プロスポーツ選手も通う評判のよいリハビリ施設に転院したところで、ようやく右足の麻痺も取れ、両手も少しずつ動くようになってきました。

「これで頑張れば、また復帰できる」。その気持ちだけが、僕を前へと進めてくれていましたね。

## 選手引退への決意と再出発「Gateau d'ange（ガトーダンジュ）」の誕生

**――まわりの愛情と競輪への強い想いが、奇跡的な回復へと導いてくれました。**

**多以良氏：**退院の許可も降り、復帰への第一歩を踏み出した矢先、今度は別の後遺症が、目の前に立ちはだかったんです。

外見からはあまりわからなかったのですが、最初に異変に気づいたのは、同じく事故を経験していた競輪時代の先輩でした。僕の様子を心配して見に来てくれたときに促され、その病院を受診しました。

絶望的な事故に遭ってもなお、持ち続けた競輪選手としてのプライド。頑張っていれば必ず復帰できると思っていました

結果は、先輩の予想通り「高次脳機能障害」。この障害は、脳の損傷により、一部の機能が損なわれて、感情のコントロールを失ったり、記憶力の低下や注意力散漫な状態を引き起こしたりします。

最初は、聞いたこともない言葉にうろたえました。ただ、立ち止まるわけにもいかない。僕はとにかく何かしなければと、復帰に向けて準備を始め、少し動くようになった身体を引きずって久しぶりに自転車に乗ることにしました。

ところが、今まで経験したこともないような激しい痙攣《けいれん》が麻痺した左足に走り、もうトレーニングどころではない現実を目の当たりにしてしまって……。

なんとかなると思っていた気持ちは、容赦ない現実を目の前にして消え失せ、僕に現役引退を決意させました。

もう別の道で生きていくしかない。選手登録手帳を返納したときの僕の胸中は、これまでの苦労が蘇り、寂しさでいっぱいでした。

「住宅ローンの返済はこれからだし、事故の補償だけでは食べていくことはできない。とにかく仕事をして家族を養わなければ……」

とはいえ、競輪以外に何をすればよいか分からず、しばらくは部屋に引きこもっていました。唯一、リハビリのために新たに始めていたパンやケーキづくりだけが、そういった辛い状況を忘れさせてくれる時間になっていましたね。

当初は、「人とのつながりを断ってはいけない」という奥さんの考えから、友人を家に招き、そのおもてなしのために振る舞っていたパンやケーキでしたが、それが徐々に評判を呼ぶようになったんです。

そのうち、友人知人だけでなくさまざまな方々から、「結婚式で配るクッキーを200人分焼いてほしい」「バウムクーヘンを引き出物にしたい」と、どんどんお声がかかるように……。

食べてくれた人がわざわざお礼を言いに来てくれたりすることも多くなりました。そうして、いつの間にか事故のことを考える暇もないほど、パンやケーキづくりに追われる日々となり、気づけば新たな自分の生きる道になっていました。

こうした幸せな出来事が重なって、２００８年に「Gateau d'ange（ガトーダンジュ）仏訳：天使のケーキ」は生まれました。

## 家族や仲間とともに走り続ける「人生」という名のコース

**多以良氏：**最初は、お客さまから嬉しい言葉をいただく反面、自分では正直自信がありませんでした。競輪ばかりで、専門の学校に通ったこともない自分でいいんだろうか……。

後遺症を抱えてのパンづくりなので、つくれる数にも限りがある。自分ができるパンづくりとは何だろうか。どんな想いを込めて、誰に届け、どんな風になっていくべきなのか……。

考え続けた末に出た答えは、「食べてくれた人に幸せになって欲しい」という願いでした。

僕ができるのは、一つひとつ、想いを込めてつくること。

妻の総子さん、長男の龍聖くんと。家族３人で協力して「食べてくれた人に幸せになって欲しい」と願いを込める

できあがったパンやケーキは、奥さんがそのお客さま宛に書いた手紙と一緒にお届けしています。

こうして、友人知人から始まった「ひとりのためのパン・ケーキづくり」は、徐々に口コミで全国に広がり、北海道から沖縄、果ては離島、海外まで、インターネットを通じて多くの方々からご注文をいただくようになりました。

お客さまの年齢もさまざまで、中には１００歳を過ぎた方からパンのお礼のお便りをいただくことも。

パン・ケーキづくりで出会えた多くの人たちとのつながりに感謝しながら、今は新しく生まれた長男と、家族３人で協力して、皆様に幸せへの想いを込めてお届けしています。

**――競輪からパン・ケーキづくり。今、新たなコースを走っています。**

**多以良氏：**何か新しいことを始めるときは、誰でも同じだと思いますが、「一歩踏み出す」までが大変です。

でも、まず一つ踏み出すことで、そこからだんだんと前に進むことができるんです。その勇気を、パンづくりを通してお伝えしたいですね。

事故から10数年たちましたが、いまだに足のしびれや、頭の痛み、それにともなう吐き気がありますし、ふらついて長く立っていられない日もあります。けれど不思議と、パンやケーキをつくっている間は夢中になれて、痛みを忘れることができるんです。

誰かのために、仕事ができること。生きていけることがこんなにも素晴らしく、ありがたいことなんだと、今はその幸せを噛みしめています。

その唯一の手段である僕のパンやケーキづくり。もっとおいしく、もっとたくさんの人に、幸せを感じて欲しい。

そのためにやるべきこと、極めるべきことはたくさんありますし、まだまだこれから。でも、もうひとりではありません。

このエプロンにつけている「I♥84」のステッカーは、引退レースを走れなかった僕のために、同期の選手たちから「新しい人生を頑張って」というメッセージとともに送られたものです。

パンやケーキをつくるときは、いつもこれを身につけています。

今は、競輪からパンやケーキづくりと走るコースは変わりましたが、これからも84期のワッペンを胸に、支えてくれる家族とともに、新しい人生を一所懸命走り続けていきたいと思います。

競輪選手時代の84期の同期から送られた「I♥84」のワッペン。パンづくりの際はエプロンにつけ、仲間の想いを胸に仕事に励む

# 10 藤倉健雄
パントマイミスト

## 沈黙を破ったパントマイムが魅せる、「好き」をやり遂げる道とその姿

パントマイム集団「カンジヤマ・マイム」。主宰するのはマイム歴40年の藤倉健雄（カンジヤマ・マイムA）さん。「無口で、白塗りの大道芸」という従来の常識を破り、観客を積極的に引き込む〝おしゃべりなパントマイム芸〟は、多くの人々の心を掴んできました。故・永六輔氏をはじめ、数々の著名人からも愛されてきた独自のパントマイム芸。藤倉さんは、「すべては感動が原点だった」と振り返ります。

**Profile**

ふじくらたけお／パントマイミスト
学生時代に見たマルセル・マルソーの舞台に衝撃を受けパントマイムの世界へ。落語演芸場や全国各地の教育、医療施設で公演するほか、テレビ番組の振付監修を務め、また教育演劇学博士として大学で講義を持つなど、パントマイムにすべてを捧げた人生を送っている

## 「〝学問〟は身を助ける」好きなことをやり切る素地をつくってくれた母の教え

**藤倉氏：**パントマイムに出会うまで、僕は野球と英語に夢中になっていました。ちょうど『巨人の星』世代で、小学生のときに最初にハマッたのが、野球でした。ただ、実際にプレイするよりも、「なぜカーブは軌道を描いて曲がるのか」といった理論の方に興味があって、同級生たちが『巨人の星』の登場人物になりきって練習している中、僕は理論書を読みあさって、頭の中でも野球をしていました。

次に興味を持ったのは英語でしたが、これは中学生のとき、英語の教育学者である松本亨《とおる》先生の『英語の新しい学び方』（講談社現代新書）という本を偶然手にとったことがきっかけでした。

このときも、取り憑かれたように英語に関する本を片端から読みあさり、それでも飽き足らず英語塾にも通わせもらいました。

さらにはネイティブの先生から本場の英語を学びたいからと親にせがんで、学費

勉強だけでなく、自分がこれと思ったものは何でも納得するまでやりなさい。〝やり遂げる〟原点は母のそんな言葉でした

は高額でしたが、私立で英語教育が盛んな立教大学の附属高校である、立教高校に進ませてもらいました。

**――とことんやる性格は、パントマイム以前から……。**

**藤倉氏：**これには、僕の母の教育方針が大きく影響しているんです。僕の実家は、千葉県松戸市で江戸時代から六代続く「畳店」。

3人姉妹の長女だった母は、「職人に高等教育は必要ない」と、勉強したくしてもできない環境で育ったそうです。

長男である僕も、将来は暗黙の了解で畳店を継ぐことになっていたのですが、母は「同じような想いをさせたくない」と、「学問はあなたの身を助けるもの」「そのためならお金に糸目はつけないから、好きなだけやりなさい」と、幼少時、近くを流れる坂川を散歩するたびに繰り返し僕に言っていました。

「勉強だけでなく、自分がこれと思ったものは、何でも納得するまでやりなさい」とも。今思い返すとそうした母の想いがあって今の自分があるんだなと、感謝しています。


英語にどっぷり浸かっていく中で、英語を駆使して世界で活躍できる同時通訳者に憧れ、英語の勉強にますますのめり込むようになりました。

その頃には、僕の中で畳店を継ぐことはもうほとんど頭になかったのですが、いよいよ大学に進学をすることになり、家からも半ば、仕方がないと思われるようになっていました。

とはいえ、本当に好きだった英文科に進むことはなんとなく罪悪感があって言い出せず、「就職に有利だから」と繕って、あまり興味のない学部に進んでしまいました。


なんとなく、附属からそのまま進んだ大学。ちょうど同じ時期に、同時通訳という職業が自分には向いていないことにも気づいてしまいました。

同時通訳者は逐一話者の言うことをそのまま伝えることが仕事で、自分の感情も私見も入り込む余地はない。そこにひと言付け加えてしまいそうな自分の性格では無理だと感じたんです。


せっかく許された大学進学。入学早々にして、僕は目標を見失ってしまったんです。興味があった分野で選んだ学部ではなかったので、講義にも身が入らず、ほとんど出席していませんでした。

その代わりに、単位にならないけれど本来興味のあった英文学関連の講義を受けたりしていました。

ある公演を観て、雷が落ちたような衝撃を受けました。自分の道を模索する中で感じた衝撃。感動こそが夢を実現する原動力です

今につながる最初のきっかけとなったのも、もぐりこんで受けていた他学科の講義でした。

英文科の鳴海四郎先生（当時文学座顧問）の講義で、アメリカの戯曲、マレー・シスガル作の『タイピスト』を鑑賞したのですが、人間の人生をわずかな時間に凝縮して見せる、「創造的歪み＝Creative distortion（※藤倉氏造語）」に魅せられた最初の出来事で、鳥肌が立つほど感激しました。

こうした経験が少しずつパントマイムとの出会いにつながっていったんだと思います。

## 「感動の種」に水をまいてくれたパントマイム 情熱はすべてを動かす原動力になる

**藤倉氏：**すっかり演劇の持つ魅力に取り憑かれていた僕は、友人から「ちょっと面白い舞台を観に行かないか」と誘われて、その後の運命を大きく決定づける、ある演劇を観に行きました。

それは、パントマイムの世界的巨匠マルセル・マルソーのパントマイム公演でした。

演目の一つに『青年、壮年、老人、死』というものがありました。「タイピスト」で見たよりも、さらに人生の機微を凝縮したようなパントマイム、息づかい、そして息を飲む展開に衝撃を受け、見終わった後、僕はしばらく固まっていました。内容もさることながら、それに感動できる自分の内なる想い、「感動の種」を発見できたことがとても嬉しくて、それまでの無為な日々から救ってもらったような気分でした。

そして心の底から感じたんです。「これがやりたい！　こんな風に、人に驚きと感動を与えられる人間になりたい」と。

**――ようやくパントマイムという「次に進むべき道」が見つかったんですね。**

**藤倉氏：**見つかったのはよかったんですが、パントマイムを本格的に学ぶための学校は当時日本にはなく、そのほとんどはアメリカかフランスにあったので、とことんやるためには大学を辞めて、留学しなければなりませんでした。

ただ、それを親にどう切り出すか。そもそも、僕が家業を継がないことを薄々承知のうえで大学に進ませてくれたのに、今度はせっかく入った大学を辞めて、しかも家族の誰も知らない「パントマイム」を学ぶために、アメリカに行きたいなどと、どう考えても理解されないことを伝える勇気がなかったんです。

ただ、僕のそうした鬱積《うっせき》した想いは身体に悪影響を及ぼし、とうとう顔面神経麻痺になってしまいました。

幸か不幸か、その症状のおかげで、結果的にはパントマイムへの想いを親に伝えることができたのですが、期待を裏切ってしまったようで、本当に申し訳なかったですね。

それでも、自分が心底感動させられた世界を見てしまった以上、そのまま不本意なことをやり続けるわけにはいかなかったんです。

初めて心の奥底を揺さぶられ、自分で見つけたパントマイムへの道は、自分の力で掴みたかったので、渡航費用と学費は自分で稼ごうと決めました。

当時池袋にできたばかりの商業ビル「サンシャイン60」で、昼はエレベーター

若い頃は朝昼晩働いたお金を貯金し、合間に英語の勉強も。早くアメリカでパントマイムを学びたい気持ちが溢れていました

ボーイ、夜は警備員と、寝る間も惜しんで働いていましたが、まったく苦ではなかったですね。

「とにかく早くアメリカでパントマイムの真髄を学びたい」。その一心で働いていました。

## 情熱のすべてを捧げて誕生した「カンジヤマ・マイム」

**藤倉氏**：朝昼晩働いて得たお金を貯金し、その合間に英語の勉強もして、ようやくアメリカに渡ることができたのが1年後。

留学先は、稼いだ範囲内で通え、かつ最高峰の学びを得られるニューヨーク州立大学に決めていました。

すべてをパントマイムに捧げるつもりで

行ったので、大学での授業はもちろん、生活すべてに至るまで、アメリカでしかできないことを、とことん学んで帰ろうと思っていました。

マルセル・マルソーの愛弟子であるアメリカパントマイムの巨匠、トニー・モンタナロ氏に師事することも、大学の教授に勧められました。これもアメリカでしかできないことの一つでした。

大学を卒業後は、さらに学びを深めるために同大学の演劇学部の修士課程に進み、その2年間では大学の学部でマイムのクラスを教える機会にも恵まれました。

このときに、マイムを演じるだけでなく、教えるという今の自分の軸ができあがったんです。

大学院も無事修了して日本に帰国する段になり、師匠であるトニー・モンタナロから、「感じる心が山もりのパントマイムを日本で広められるように」と、名付けられた「カンジヤマ・マイム」はこのときに生まれました。

１９８５年、僕は27歳になっていました。

## 「恩は私に返さなくてもいい」たくさんのチャンスを与えてくれた〝師匠〟たちとの出会い

**――パントマイムへの愛をたくさん詰め込んで、カンジヤマ・マイムとして日本に帰ってきました。**

**藤倉氏：**ところが、帰国した当時、日本ではまだパントマイムの認知度はとても低い状態。知られていたとしても、大道芸の一つという域を出ておらず、僕が学んできた演劇の要素を取り入れたパントマイムをメインにやれる仕事は、どこにもありませんでした。

帰国してしばらくは、「どうやってパントマイムを仕事にできるか」を考えながら、生活のために英会話学校の講師を2つ掛け持ちでやっていましたね。

そんな悶々とした日々を過ごしていたある日、日本で一番、パントマイムに近い芸能で道を極めている人物を追いかければ、何か今後のヒントに繋がるだろうと考えついたんです。

「どうせなら、日本で一番のマイム的な芸を持っている人を追いかけてみよう」と、「あやつり踊り」と呼ばれる芸の最高峰であった、落語家の雷門助六《かみなりもんすけろく》師匠（先代）に会うため、寄席をやっていた国立演芸場の楽屋に向かったんです。

**——いきなり頂点へ、しかも楽屋に押し掛けてしまった（笑）。**

**藤倉氏：**世間知らずの若気の至りですね（笑）。

けれど当時の自分としては、それくらい真剣だったし、それ以外に考えられる方法がなかったんです。

もちろん、師匠のまわりにいた芸人さんたちからはたいそう白い目で見られましたが、助六師匠からは業界のルールを優しく諭していただいたうえで、お断りされました。当然といえば当然の成り行きでしたが、この突撃のおかげで、思いもかけない幸運に恵まれたんです。

突撃むなしく、仕方なしに演芸場から新宿駅へ向かうバスに乗ったのですが、偶然にも高座を終えられた師匠がひとりで同じバスに乗ってこられたんです。

さっきの今でしたから、こちらは驚きましたが、当然のように隣の席に座ってくれて、「弟子にはできないけど」と言いながらも、芸の秘訣や裏話、参考になるビデオなど、たくさんのことを教えてくれました。
たった十数分間のほんのわずかの〝師匠と弟子〟のお時間でしたが、忘れがたい大切な思い出です。

こうして学びを求めていた時期に、カンジヤマ・マイムを語るうえで欠かせないもうひとりの人物に会うことができました。

当時、渋谷にあった小劇場「ジァン・ジァン」に、芸人のマルセ太郎さんの猿の形態模写を見るために向かったのですが、残念ながら、その頃マルセさんは既に映画を題材とした芸を中心に据え、猿芸はやっていませんで

たくさんのかけがえのない出会いの中で、故・永六輔さんをはじめ、返しきれないほどのご恩を多くの方々にいただきました。大学での講義は、そのご恩返しのつもりです

した。

ですが、そこで偶然、司会をする永六輔さんの話芸に触れたんです。どんどん話に引き込まれていく不思議な感覚。このとき、「今のパントマイムにこの話芸のエッセンスが加われば最強だ」「永六輔さんの話芸をそばで見て、盗みたい」と、永六輔さんを目指すようになりました。

永六輔さんは、当時、毎月第一月曜に、同じく渋谷のジァン・ジァンで「六輔七転八倒」という、独演会をやっていました。

まずはそこに通い始めることにしたんです。しかも、毎回溢れんばかりの感激をハガキに書いて、永さんへなんとかお渡しいただけるよう、マネージャーさんに手渡し続けていました（笑）。

**――パントマイムへの情熱だけが、藤倉さんを動かしていたんですね。**

**藤倉氏：**手紙を受け取る側の都合も気にせず、ただひたすら自分の想いをハガキにぶつけていましたね（笑）。

ところが1年半くらいたったある日、突然、永六輔さんから思いがけず返事をいただいたんです。

そしてそのハガキに「この次の舞台、45分お任せしますから」って、それだけ書いてあったんです。もう大興奮!!

結果的には、それが僕のパントマイムデビューのきっかけとなりました。


それから、永六輔さんはことあるごとに、僕を旅に誘ってくださいました。

旅先で僕のパントマイム芸能を評価してくださり、ときには厳しい言葉を、あるときにはパントマイム芸をやり続けるための、次へと繋がるアドバイスをいただきました。

松尾芭蕉や種田山頭火の俳句をマイムで表現する「俳句マイム」も、「欧米の真似ばかりでなく、日本らしいマイムをやってごらんなさい」と言っていただいたことがきっかけで生まれた芸でした。

これらは情景描写を視覚化する点において、動きのバラエティを蓄積するのに大いに役立ちましたし、現在の演目にも活かされています。

次の道に繋がるチャンスを、その後も幾度となく与え続けて下さった永さん。僕が、返しきれないご恩への感謝の気持ちを伝えようとすると、永さんは照れるように「恩は返してくれなくていい。誰か別の人に」と言うんです。

自分ではなく誰かのために。そんな粋な人でした。永六輔さんの思いやりのある素敵な言葉は、多くの人たちに影響を与えましたが、僕の心の中にも今もなお、ずっと生き続けています。

## 走り続けた先にある未来「どん底」にこそ、明日に繋がるヒントがある

**藤倉氏：**そうした先輩方のご恩のおかげで、僕はいつしか、憧れたパントマイムの世界で生計を立て、結婚もし、テレビ出演も増え、マイムの解説本も数冊出版し、幸せな日々を送れるようになっていたのですが、実は一度それらをすべて失ってしまったことがあるんです。

それは20年間パントマイムでも私生活でも、パートナーだった当時の妻との結婚生活が破たんし、離婚したことが原因でした。精神的に病んでしまい、不安感から来る不眠、体重の増加と、身も心もぼろぼろになってしまいました。

40歳を目前にして絶望の淵に陥ったんです。でも、〝どん底〟にこそ、明日に繋がるヒントがあると今は強く思っています

自分が進んできたパントマイムという道を歩いているうえでの出来事だったので、何事もなかったかのようにその道を歩み続けることもできないし、他の道に進むこともできないという、八方ふさがりの状況でした。

**――順風満帆だったはずの生活に突然の嵐。どうやって溺れずに這い上がっていったんでしょう。**

**藤倉氏：**そうした状況を救ってくれたのは、子どものときに母が僕に言ってくれた「どうしても行き詰まったときはアカデミア（学問の道）に進め」という言葉でした。

そのまま道を歩むのではなく、別の道を進むのでもなく、その道の原点に立ち返る。僕にとってその原点はカンジヤマ・マイムが生まれた場所、アメリカ。そこに再び渡って、演劇、特に「教育演劇」という比較的新しい学問で博士課程を修めることが、僕の次に進むべき道だと思ったんです。

名もなき頃から築き上げた日本での経験、仕事をすべて整理し、イチからまた何十年分逆戻りのような状況に戸惑いはありましたが、踏み出すことでしか状況を打開することはできませんでした。

40歳を超えての思わぬ再挑戦で、苦労は覚悟の背水の陣で臨んだ結果、どん底と思われた状況は、結果的にまた、今のカンジヤマ・マイムに欠かせないものとなったのです。

ウィスコンシン大学演劇科の博士課程を無事に修了できただけでなく、このときに執筆した日本の教育演劇に関する英語の博士論文が、アメリカ教育演劇協会より日本人初の最優秀論文賞を受賞するという栄誉にも恵まれました。

**――道は下り坂や上り坂のままではない。**

**藤倉氏：**調子のいいときもあれば悪いときもあるんです。そうしたデコボコ道をあきらめずに進むことができたのは、最初に感じたパントマイムへの「憧れ」を持ち続けていたから。

マルセル・マルソーが、トニー・モンタナロが、そして永六輔さんが魅せてくれた「憧れ」。特に若い頃に感じるものは、僕もそうであったように、一生を左右するくらいインパクトのある、人を動かす最も強力なパワーであり、原動力です。

イギリスの諺《ことわざ》だと思いますが、「子どもに航海術を教えたければ、方位の読み方や細かい計算方法を教えるよりも、ただ海の素晴らしさを教えてあげればいい」という言葉があります。

心が憧れに向かうとき、それに立ちはだかる試練を、子どもたちは自分の創意工夫で解決しようと喜んで立ち向かいます。不器用な僕が何かを伝えるためにできることがあるとしたら、唯一「自分の感動した体験を信じ続けること」、そしてそれを伝えることだと思っています。

カンジヤマ・マイムの芸には、今まで出会った多くの人たちや、触れた文化、そして感動体験だけでなく、つらかった出来事など、喜怒哀楽が詰まっています。そして見てくださる方に、そのどれか一つでも感じ取って、一人ひとりが自分の道を進んでいくための原動力にして欲しいと思っています。

舞台を見てくださる方々にはさまざまな年代の方がいますが、特に若者には、僕たちがパントマイムに出逢い、生き甲斐を得たように、僕たちの舞台を通して、自分の中にある「感動の種」を発見して欲しい。

そして、それが見つかったら、後は信じ続けて欲しい。その踏み出す一歩を、カンジヤマ・マイムは後押ししたいんです。

## 今を掴んで、やりたいことを見つけよう 自分を磨き続ければ、明日はきっと輝く

**藤倉氏：**僕のアメリカのマイムの師匠、トニー・モンタナロ氏の言葉に、「無駄をはぶき、はぶき続けなさい。迷ったらとにかく最後の最後まで無駄をはぶき、これ以上はぶいたら作品が成り立たないというところまでしてみなさい（"Less is best. Less is best. When in doubt, reduce, until it starts to hurt the material."）」という言葉があります。
僕のパントマイム演目の一つである『バイオリン弾き』は、35年近く前の、忘れ難いある個人的な悲しい出来事をもとに、試行錯誤してパントマイムに昇華した作品です。最初につくってから、何度も無駄を省いて、削ってを繰り返しています。

エッセンスを凝縮して、真髄を伝える。「簡潔さは機知の精髄である」とは、シェークスピアの『ハムレット』に出てくる一節ですが、これこそがパントマイムの義務であり、また醍醐味であると考えています。

身体が動かなくなるその日まで、作品を極める。削り続ける。完成はない。そういう日々が、この先も続いていくんだと思います。

**――そして完成することのない道は、終わることなく続きます。**

**藤倉氏：**この40年、目の前のことをこなしてこの道を進んできたので、何か大きなミッションを掲げることはありませんでしたが、もしかすると、やるべきことというのは、その行動を見てくれたまわりの人たちが決めてくれるのかもしれません。

今、僕ができることは、ひとえに永六輔さんをはじめとする師匠たちから受けたご恩を、パントマイムを通じて若い人たちに返すことだと思っています。早稲田大学や上智大学での講義も、そうした「ご恩返し」の一つとして取り組んでいます。

終わることのない道はこれからも続いていきますが、後に続く人たちの道標になるようなカンジヤマ・マイムの芸を、これからも皆さまにお届けしたいと思います。

# 11 矢部澄翔

書家

## 「続ける才能」で実現した書家の道。世界に発信する「書」の〝感動力〟

アメリカ、ヨーロッパ、アジア、中東など、世界各国で「書」を通じて、日本文化を発信し続けている、書家の矢部澄翔さん。幼少の頃から「書」の魅力に触れた澄翔さんが、「書家」として独り立ちを決意したのは30歳。「すべてが学びの場だった」と語る澄翔さんが、さまざまな仕事を経験する中で、夢を実現するために持ち続けたのは、「やり続ける力」でした。

**Profile**

やべ・ちょうしょう／書道家
文化学園大学服装学科卒業後、書道師範資格を取得し、2004年に眞墨書道教室を開塾。書家としてTVや雑誌等の題字やロゴ等、書のデザインや制作も多数手がけている。小江戸・川越のアトリエを拠点に、世界各地で個展やライブパフォーマンスをおこなっている

## 「いつかは書道の先生に」憧れから生まれた将来の夢

**澄翔氏：**私が初めて「書」の魅力に出会ったのは、6歳の頃。近所の書道教室に通うことになったのがきっかけで、まわりの友達が習い事をしているから自分も、くらいの動機だったんです。

最初に書いたのは「夕やけ」という字だったと思いますが、とても褒め上手な師匠のおかげで、どんどんいろいろな字に挑戦しました。とにかく「書く」ことが楽しくて仕方がなかったですね。

このときに覚えた、「書くって楽しい」という気持ちが、今の私の原点。澄翔《ちょうしょう》という雅号《がごう》は、このときの師匠から一字いただいたものなんです。

「いつかは師匠のように、書の魅力を伝える教室を開きたい」。そうした憧れを抱く一方で、それを表立って表明する勇気はなく、親や友人に将来の夢として語るようなことはありませんでした。

初めて「書」の魅力に出会ったのは、6歳の頃。このときに覚えた「書くことの楽しさ」が、書家を志す原点でした

中学、高校へと進み、まわりの生徒が部活や学業を理由に次々と書道教室をやめていくなか、私は書道への想いをそっと内に秘め、やめることなく続けていました。

当時、マーチングバンドに憧れて、地元の強豪校である星野高校に進んでいた私は、毎日制服かパジャマしか着ていないほど活動にのめり込んでいました。それでも、書道への想いは消えることはありませんでしたね。

部活動のために1ヶ月に1時間しか書道に割けない時期もありましたが、なぜか書くことを「やめる」という発想は浮かばず、とにかく少しでも時間を見つけては書き続けていました。

**――気になったものはやめずに、一所懸命やりきる。**

**澄翔氏：**諦めが悪いのかもしれません（笑）。部活動も高校3年の夏前に引退するのが普通ですが、大学入試直前まで全国大会出場、武道館を目指して頑張っていましたね。

結局その夢は破れましたが、将来の仕事につながる進路、大学を選ぶときは「書道で生きていく」なんて私にはできないだろうと、別の道を模索することにしたんです。

書道以外に自分に何が向いているか分からなかったのですが、当時からものづくりが大好きだったため、文化学園大学の服装学科に進みました。

学生時代は、ファッションショーを企画運営するサークルに入って、私自身もモデルを務めながら、舞台演出のいろはを学びました。「観客の視線の移動を意識する」「発信者のメッセージが伝わる効果的なポージング」など、こうした活動で得た経験が、期せずして今の書道パフォーマンスに繋がっています。

洋服の課題制作などで忙しい毎日の中、仲間と一緒にやり遂げる達成感を知ることもできました。これは今の教室の展覧会「墨翔展」という取り組みにもつながっています。

## 「自分が何に向いているのか分からなかった」心のアンテナを立て続けて見つけた自分の道

**――その間も、ずっと「書」をやめることはなかった。**

**澄翔氏：**大学時代も書道はやめずに続けていました。その甲斐あって、大学を卒業する春には、ついに書道師範の資格をとることができたんです。

けれども、師範の資格だけで食べていくこ

書道教室を開いたとき、最初の生徒は小学生２人だけ。平日は別の仕事をして生計を立てていました

とは難しいと思っていたので、就職は普通に大学時代の経験を活かした、スクールユニフォームの企画制作を手がけるアパレル会社に進みました。

私が学生の頃はちょうど就職氷河期で、就職活動の1社目で運よく内定をいただいたため、働けるだけでもありがたいと、即決してしまったんです。

今考えると、「書」への迷いに蓋をしての「就職」という判断でしたから、やはりそこに「夢」など見出せるわけもなく、働けば働くほど、自分のいるべき場所には思えなくて……。結局、私はこの会社をすぐに辞めてしまいました。

自分は「書」を忘れることができない、やはり自分がずっと抱いていた気持ちに正直に従って生きていこうと決めたのは、たまたま就職情報誌で見かけて働くことになった、リクルート社での仕事がきっかけでした。

最初の就職で失敗したので、次こそは好きなこと（習い事をしてきた経験を活かせないか）と思い、「お稽古情報」を扱うリクルートの学び事業部にしぼって転職活動したんです。

仕事に飢えていた私の情熱が通じたのか、希望通りの部署で働けることになりました。そこで3年間、資格取得や転職支援のための雑誌を手がけていたのですが、そこで大きな転機を迎えたんです。

## ――「好き」のアンテナを立て続けていた。

**澄翔氏：**アンテナを立て続けることで、別の道を進んでいたとしても「自分のやりたいこと」は見つかりますし、それを掴む「チャンス」は必ずあると思っています。

リクルートでは、私が担当していた書道の専門学校がいくつかあり、その取材のために学校訪問をしていたのですが、そのときに、私の心のアンテナがとても共鳴していることに気がつきました。「あぁ、自分はやはり書道の道で生きていきたいんだ」と。

そうしてリクルートの仕事で夢を叶えていく方々を取材していくうちに、自分の夢は、やはり書道しかないという結論に辿り着きました。やるなら早い方がいい。「今しかない」と、当時なけなしの貯金をはたいて、書道の学校へ通い直すことに。

すでに書道師範は取得していたので、そのまま教室を開くこともできたのですが、もう一度最初からやり直す気持ちで、あえて振り出しに戻して臨んだんです。

2003年、26歳のときでした。

## 「書道師範とOL」の二足の草鞋《わらじ》
## 「書家」として独り立ちするまで

**澄翔氏：**新たに通い直した学校では、一度取得した師範の資格は、頭から切り離し、気持ちも新たに基本まで遡って勉強しました。

好きなことにとことん打ち込める環境はとても楽しく新鮮でしたが、気持ちが切り替わることで、まわりの状況も劇的に変化していきましたね。

卒業後には、改めて師範を取得し、その3ヶ月後には、思いがけない形で教室を開き、書家として出発することになりました。

実は最初は、すぐに教室を開くつもりはなく、ただ先生のアドバイス通りに、いただいた「書道師範」の看板を、記念に実家の玄関の外に飾っておいたんです。

そうしたら、それを見た近所の方から、お問い合わせをいただいて……。同居し

〝書道で生きていく〟なんて私にはできないだろうと、最初はあきらめて別の道を模索したんです

ていた両親は、私に先生なんか務まるわけがないと思っていたようです（笑）。

**――長年の夢だった教室が、ようやく開塾できました。**

**矢部氏：**最初の生徒は小学4年生の女の子2人。もちろんそれだけでは成り立たないので、平日は、収入を得るために別の仕事をして働き、週末の土曜日に書道教室という二足の草鞋を履いていました。

リクルートを退社後も、広告代理店、飛び込み営業、とさまざまな職種を経験しました。

その後は、生活のために働いて収入を得ながら、書家としての活動を続けていましたが、30歳という女性にとって大きな節目の年に、

「このまま二足の草鞋を履き続けるのか」「書家として生きるのか」を自分に問うてみました。

「一度しかない人生なら、やはり好きなことに全力投球したい」。そう考えた結果、続けていた仕事に退職願を出して、ついに「書家」としての道を、本格的に歩むようになったんです。

## すべての経験を無駄にしない 失敗を経験に変えた先にある未来

**澄翔氏：** 自分はどのように生きていくのか。20代のときが一番悩みました。ただ今はそうした時間はすべて「書」のために必要なことだったと思っています。

私なりの「書」というものを表現するときに、音楽やファッションの勉強、社会人としてさまざまな経験をさせてもらったことが、今に活きていると思うんです。すべての経験が無駄ではない。書道パフォーマンスが一般的でなかった時代、先駆者としての試行錯誤は、「失敗ではなく経験」なんだと、次に進むことを躊躇しないようになっていましたね。

**――すべてを経験にして、新しい挑戦の場へと。**

**澄翔氏：**私の書家としての活動も、生徒の数に比例して徐々に、国内各地から世界へと広がっていきました。

2006年にスペインの世界遺産の街、サラマンカでのJAPAN WEEKに招聘《しょうへい》され高い評価を得て以来、アメリカ・ヨーロッパ・アジア・中東など世界各国で書活動を展開するようになりました。

2011年には外務省の事業でオマーン大使館より招かれ、国交40周年記念事業として1ヶ月間かけて現地の主要都市をまわり、オマーン最高峰の芸術団体FINE ARTSや首都マスカット市内の小中学校、大学を多数訪問し、書の特別講義活動やアラビア書道展開幕式で書道パフォーマンスも披露させていただきました。

日本文化の象徴でもある「書道」を通して、日本の文化を発信するプロジェクト「世界書紀行」は、こうして始まった試みなんです。

## 「続ける」ことは才能だ
## 夢を形にする力、人の心を動かす感動の力を

### ――「続ける」「飛び込む」ことで、活動を広げてきました。

**澄翔氏：**「続ける」そして「全力で突き進む」ことって本当に難しい。何でも器用にできる子ほど、続けずにやめてしまう。不器用な子ほど頑張るのは、教室に来る生徒を見てもわかります。

私も突出した才能に恵まれていなかったからこそ、ずっと続けることができたんだと思っています。それでももし、自分に才能というものがあったのだとしたら、それは「続ける、やめない」ことだったように思います。

私の場合は、たまたまそれが「書」でしたが、講演などで皆さんにお話しさせていただく際には、「好きなことに出会えたなら、なんでもとことんやってみてほしい」と、お伝えしています。

もし、まだ見つからないという人も、実はアンテナを立てていないだけなのかも

しれません。本当はすでに出会っているはずなのに、スルーしていることもあるかもしれません。

ですから、まずは心のアンテナを大きく広げて、いろいろなことにチャレンジしてほしいと思っています。

## 「書は心の鏡」感動を「書」に込めて、世界に届けていく

**――そうした頑張る人への勇気や後押しになるメッセージを、作品に込められています。**

**澄翔氏：**「書」には、書く人の内面が表れます。字を上手に書けることをゴールにするならば、上達は練習量に比例するのでそんなに

自分に突出した才能がなかったからこそ、ずっと続けることができたんだと思っています

難しいことではありません。「書道」では、そこからどう自分の世界観を表現していくかが問われます。

それは字の上手い下手ではない。喜怒哀楽をどう作品に込められるか。そうした作品の書き手には、年齢も性別も関係ありません。

私も、教室では講師という立場ですが、学びにいらっしゃる生徒さんからそれぞれの「想い」や「姿勢」を感じることで、自分自身も勉強させてもらっています。


その教室運営では、自分がやってきたことを、次の人に伝える役目も感じています。「美しい字が書けるようになりたい」「字が好き」という生徒さんの気持ちに応えていきたいですし、奥深い書道の魅力をもっと伝えていきたい。

書道を習い始めるきっかけは人それぞれですが、その中でも長く学ばれるうちに上達のための目標が欲しい、書の道を志したいと師範取得を望む声が多くなり、２０１１年からは趣味コースの他に師範養成コースも開講し、現在は書家の育成事業にも力を入れています。

これまでに約20名が、師範試験に合格し、それぞれの道で活躍しています。

**――これからは、澄翔さんのどんな想いが「書」に込められるのでしょうか。**

**澄翔氏：**30歳から10年間、書家として全力で走り続けてきた中で、40歳を迎えた年に、赤ちゃんを授かりました。私にとって心からいとおしく思える、可愛い天使のような存在で、そんな我が子の誕生に、今は「命の尊さ」を感じています。「書は心の鏡」といいますが、こうした人生の転機となる出来事も、「書」に活きてくるのではないかと思っています。

私を育ててくれた故郷である川越は、小江戸と呼ばれる蔵造りの街として、日本の伝統文化が息づく素晴らしいところです。だからこそ、こうした身の回りにある魅力も、書活動を通じて伝えていきたいですね。

今はちょうど、２０２０年の東京オリンピックに向けて世界中から日本の文化が注目されているということもあり、「伝統×革新」をテーマにさまざまなジャンルのアーティストとのコラボレーションにも挑戦していきたいと思っています。

そして、これからも「書」の素晴らしさ、「書」が持つ感動の力を、ここ川越から世界に向けて、伝え続けて参りたいと思います。

# 12 遠藤弘満
国産腕時計メーカー

## 「Made in JAPAN」にこだわる オリジナル腕時計ブランドの系譜

8000通りもの自由な組み合わせで、高品質な腕時計を1万円台から揃えられる、国産腕時計ブランド「Maker's watch Knot（ノット）」。同社を率いるのが、長年、通販業界のバイヤーとして数々のヒット商品を世に送り出してきた遠藤弘満さん。通販商品のバイヤーから始まった遠藤さんのビジネス遍歴。腕時計業界に新風を呼び起こす挑戦の根底にあったのは、夢を想像し、形にする力でした。

**Profile**

えんどう・ひろみつ／株式会社Knot代表取締役社長
通販商品のバイヤーとして世界各地を巡り、数々のヒット商品を世に送り出す。海外ブランド時計を日本に持ち込み、ブームの立役者となる。2014年、腕時計業界への長年の愛情と情熱を注いだ国産腕時計ブランド「Knot」を設立。腕時計を核に、日本の技術力と品質を世界と結んでいる

## 「モノを売るにはストーリーが必要だ」遠藤流ムーブメントの原点

**遠藤氏**：仕事に対して最初に「面白さ」を覚えたのは、高校生の頃でした。

学生時代、早くから自立していた友人たちの働く姿を見て、私も早く自立したいと、「働く」ことに対して憧れにも似た感情を抱いていたんです。

社会人になって初めて働いたのは、叔父が経営する通信販売会社。規模も小さくなかったのですが、厳しい上司のもと、仕事のイロハを徹底的に教わりました。そこでバイヤーとして働いたことが、私のその後を決定付けたように思います。

「通販の商品は写真とキャッチコピーが命、売り上げの8割はそれで決まる」と言われていました。自分でキャッチコピーも書き、カタログ雑誌の編集も手がけた経験は、その後の仕事にも繋がる大変有益なものでした。

今も、商品を売るときは常にストーリー、魅せ方を考えていますし、この頃に

中学卒業と同時に働き始めた友人たちを見て、自分も早く社会に出て自立することに憧れを抱いていました

培った通販的手法が原点になっています。

そこは恐竜の卵の化石など、ユニークな商品を扱う通信販売会社でした。そんな中で、自分の目利きで取り上げた商品が売り上げを伸ばしたときなどに、物を売ることの楽しさも覚えました。

**――「働く」ことの喜びを存分に活かし、仕事も順調に。**

**遠藤氏：**一方で、どんなにいい商品でも、顧客層に合わないものは売ることができないことに、バイヤーとしての消化不良のような気持ちを抱えてもいましたね。

社会現象を引き起こした〝あるおもちゃ〟も、実はブームになる前に目をつけていたのですが、おもちゃであり顧客層に合わないと、通販ラインナップから外れてしまった商品のひとつでした。

「自分の目利きが活かせず、ただ指をくわえてブームを見過ごすだけ」。バイヤーとしてこれほど悔しいことはありません。

そういったことが一度だけでなく、何度も続きました。もっと扱う商品の範囲を広げて、影響力のある製品を取り扱いたい……。

そうした想いが募っていた頃に、先輩の誘いに乗って、どんな商品でも扱える企画会社の起業に加わることになったんです。

## 世界中を飛び回った20代、若さを武器に築いた人脈

**遠藤氏：**新しく立ち上げた商品企画会社では、若さを武器に、いろいろなことにチャレンジさせてもらいました。

当時は、インターネットもそれほど普及しておらず、まだまだ海外製品は珍しいもので、ジッポーなどの海外製ライターは、特によく売れていました。

また当時、人気テレビ番組の外部バイヤーを縁あって務めていたのですが、その仕事では、番組の企画会議で決まった特集に沿って世界中をまわって面白い商品を探すことをやっていました。そのときは、あらゆるところに出かけていましたね。

例えば「マイケル・ジョーダンが引退するからその企画で」と決まれば、「マイケル・ジョーダン特集」と銘打った〝指令〟がきて、実際にマイケルの家族に会いに行き、レアものをゲットしてくる、といった具合です。

**――若さゆえのフットワークの軽さを存分に活かして。**

**遠藤氏：**若くて、知識も経験も乏しいことを逆に〝武器〟にしようと意識していました。

世界中を飛び回った20代。知識も経験も乏しい〝若さ故のハンデ〟を逆に武器にしようと決めていました

仕事で行った先の海外の有力者に「お金がないんです、泊めてください」などといった、大人であれば許されないような振る舞いも、できるうちにやる。

実際にお金もそんなにありませんでしたし。そうして、体当たりの仕事を続けていくうちに、いつの間にか経済界で重鎮と呼ばれるような方々との世界的な人脈もできあがっていきました。

## 〝目利き〟をビジネスに海外製腕時計ブームの火付け役になる

**遠藤氏**：事業も軌道に乗り、順調に進んでいた頃、バイヤーの買い付け仕事で、米国テキサス州ダラスで行われていた、軍や警察の払い下げ品の展示会『Shot Show（ショットショー）』を訪れる機会がありました。

黒や緑といった迷彩色の品物が溢れる中で、ひときわ目立つオレンジやピンクといった色鮮やかな時計。それが『LUMINOX（ルミノックス）』との出会いでした。デザインの変化に乏しいミリタリーウォッチにあって、LUMINOXだけがカラフルで、かつ軍用品としての格好よさに、すっかり魅了されてしまったんです。

**――遠藤さんの「目利き」に適った物を、次はどのように商品として流行らせるか。**

**遠藤氏：**ちょうどその頃、海外の映画俳優が身に付けていた腕時計が大ブレイクするという事例があり、日本でも応用、展開したいと考えていました。

縁あって、ある俳優さんと親しくさせていただいていたのですが、彼に、LUMINOXの腕時計を紹介したところ、幸運なことに、その方が出演するドラマの、主演タレントにその腕時計をつけてもらえるまでになったんです。

効果はてきめんで、日本でのLUMINOXの知名度は一気に上がり、私もそこにビジネスとしての将来性を感じ、日本での販売代理店を始めるようになりました。

**――腕時計業界に本格的に参入するようになったのは。**

**遠藤氏：**時計の見本市で有名なスイスの『バーゼルフェア』で出会った腕時計がきっかけでした。比較的価格も安く、デザイン性に優れた腕時計、それがデンマーク製の『SKAGEN（スカーゲン）』だったんです。

このときはまだ、世界的に有名なブランドというわけではなかったのですが、今まで扱ってきた時計とはまったく違う価格とデザイン性に、私の中のバイヤーとしての勘がピンと来たんです。「これはいける」と。

帰国後、日本人に合わせた特注の〝Jモデル〟として展開したSKAGENの腕時計は、売れ行きも絶好調。この結果に、手応えを感じ、本格的に腕時計業界でやっていくことを考えたんです。

以前手がけたLUMINOXのブームからときも経っていて、かつ業界の難しさはわかっていたつもりでしたから、正直迷いはありました。けれど、それ以上にSKAGENには時計としてもビジネスの将来性としても大きな魅力を感じ、同社の日本代理店として本格的に腕時計ビジネスに参入することを決めたんです。

そんなSKAGENの魅力であった「デザイン性と低価格」は、幅広い年齢層の支持を獲得し、日本での販売開始7年目には1年間で13万本、年間数10億円ものビジネスに発展するまでになりました。

「北欧ウォッチ」というジャンルが確立され、直営店を7~8店舗運営し、自分の

シャツやネクタイをコーディネートするように、腕時計も「リストウェア」として、ライフスタイルやその日の気分に合わせて選べたらもっと楽しいものになると思うんです

仕事も腕時計がメインになっていましたね。

## 「今日の一日を積み上げる、一生の仕事がしたい」一夜にして失った莫大な市場

**遠藤氏：**そうして腕時計業界で順調にビジネスが進んでいたある日、デンマーク大使館から突然、「SKAGEN本社が海外の大手企業に買収されてしまった」という連絡を受けたんです。

本社が買収されてしまえば、自分たちは数10億円規模の販売権を失ってしまう……。会社の主力事業が、一夜にしてなくなってしまう現実を目の前にどうしたらいいのか、いつもは楽天的な自分も、さすがにこのときばか

りは茫然としてしまいましたね。

**――思わぬ落とし穴が待っていました。**

**遠藤氏：**とはいえ、会社存続のためには、いつまでも穴にはまったままでいるわけにはいかなかったので、他の腕時計ブランドを開発しながら、なんとかしのぎを削っていました。

このことは、順風満帆に思えた中での手痛い出来事でしたが、自分がずっとやってきた仕事を振り返るいい機会にもなりました。

今まで熱意と愛情を持って売ってきた商品が、突然不可抗力で売ることができなくなってしまう。「このまま、作られた商品をヒットさせる仕事を続けていていいのだろうか」と考えるようになったんです。

働き始めた頃は、自立した大人像への憧れから、それだけで一所懸命に働くことができたものの、ある程度ビジネスでの実績も積み上げた中で、果たしてヒットを連発させることが、自分が目指す仕事なのか。

経営者は、ただビジネスを成功させるだけでなく、そこへ導く「夢」を語れなければいけないのではないだろうか。果たして自分の仕事には、その「夢」はあるのか……。

しかしながら、長年携わっていた腕時計という商品以上に魅力あるものも思い浮かびませんでした。15年の間に、腕時計に対する愛情が生まれていたんです。腕時計からは、離れられない。

ちょうど腕時計を取り巻く環境も大きく変化していた頃で、腕時計はスマートフォンにとって替わられる時代でした。

長年、商品として扱ってきた腕時計が、もはやスーツやネクタイ、服やシャツのような個性を表す道具として見られなくなってしまうのではないか、愛する腕時計文化が失われてしまうのではないか、と大きな危機を感じたんです。

ならば、「単なる時間を見るだけの道具ではない、『夢』のある時計を、今度は自分たちでつくりたい」。ヒット商品を見つけては売るのではなく、「今日という一日を積み上げる一生の仕事がしたい……」。

考えた末に辿りついたのが、国産の腕時計ブランド、「Knot（ノット）」の構想でした。このときに、私の仕事における立ち位置は「バイヤー」から「メーカー」へと、シフトしたんです。

## 最高の品質をすべての人へ
## 腕時計の愛情からはじまった「Knot」の挑戦

**――「夢」のある事業を、今度は自ら立ち上げた腕時計ブランドで実現したい、と。**

**遠藤氏：**ファッションには衣服という機能としての役割以外にも、ライフスタイルを豊かにする魅力があります。しかし、人に見られることが多い腕時計にも、同じように時刻を確認する道具だけではない、身につける人の個性を表現する魅力があると思っています。

シャツやネクタイをコーディネートするように、腕時計も「リストウェア」として、ライフスタイルやその日の気分に合わせて選べたら、もっと楽しいものになるはずだと思ったんです。

特に男性にとっての腕時計は、ビジネスシーンで唯一身につけることが許されたアクセサリーであり、限られた範囲でパーソナリティを表現する重要なアイテムだけに、選ぶのが難しい。

ビジネスウォッチは金属製のベルトがほとんどで、革ベルトは黒か茶色ぐらいしか用意されていませんでしたし、いざベルトを買い換えようと思っても専用工具が必要だったり……。それ以前にベルトだけで1万円近くするものも多かったりと、気軽に買い換えることも難しい。

一方で、ベルトを自分の好みやファッションにあったものに付け替えて、腕まわりを自分好みに演出したいと思っているビジネスパーソンの需要は確実に感じていました。

「誰もが気軽に身につけられる、国産の腕時

「誰もが気軽に身につけられる腕時計をつくれないか」。「Knot 」のメーカーとしての夢はこうした想いから生まれました

計をつくれないか」。これは、国内大手メーカーが次々と高機能な腕時計の開発に注力し、腕時計自体の高価格化が進む中にあって、相反する希望でした。
でも「夢」のある腕時計に、価格も、品質も妥協はできなかったんです。

**――相反する二つの希望を、どのように実現させたのでしょう。**

**遠藤氏：**腕時計に限らず、価格が高くなる理由のひとつに、中間流通の存在があります。製造から販売まで、部品製造工場や組立工場、メーカーに小売店など、たくさんの流通過程が存在します。

海外製の場合、これにブランドのライセンス料や輸入代理店の利益分が加わってきますが、我々のような国産ブランドなら、そうした中間流通を省くことで価格を安く抑えることができると考えたんです。
問題は生産体制の確保でした。おりしも、2020年の東京オリンピック招致決定の頃で、政府も「クールジャパン」の大号令。
今まで以上に国産製品に目が向けられることになりましたが、私たちのような生産体制もままならない新参者には、追い風とはなりませんでした。

ただ、国内大手メーカーが長らく海外生産に注力した結果、かつて月産100万単位の生産体制を誇った国内の腕時計製造業は、ほぼ壊滅状態という状況も同時にありました。

私たちはそこに活路を見い出し、そうした技術や生産設備は残っているが事業としてはやめてしまった工場を一軒ずつ訪ね歩き、国産ブランドの復活と、腕時計という装飾文化への「夢」を訴え、部品の製造を再開してもらいました。

こうして私たちの夢に賛同してくれる多くのクリエイターや国内製造メーカーの協力を得て、「Knot」はようやく動き出すことができました。

1世紀にわたり日本の時計業界を牽引してきた「SEIKO」において、「Grand Seiko」の再生や機械式時計の復活など、数多くの名作を世に送り出した沼尾保秀氏を取締役兼プロダクトアドバイザーに招聘《しょうへい》し、「日本製で高品質、しかも気軽に着せ替えもできる価格帯の腕時計」をコンセプトに掲げました。

最初は購入希望者をクラウドファンディングで募り、その結果、予定を大幅に上回る資金が集まったんです。初期出荷分は即完売というスタートを切ることができました。このときも、いかに私たちが時計を愛しているか、「ストーリー」を知っていただくことを念頭に進めたんです。

**――そうして、ようやく「夢」が実現しました。**

**遠藤氏：**実現しても、すぐに軌道には乗りませんでした。市場の反応に手応えを感じ、次の生産に進むための準備に取りかかったところで、生産を請け負ってくれていたパートナー工場から「やっぱりおたくのところのもの、つくれないよ」とまさかのストップ。

そうしたハプニングは、その後何度も続くことになるのですが、そのたびに立ち止まり、試行錯誤を重ねていましたね。

「もうダメかもしれない」と、一瞬めげそうになるのですが、そういうとき幸運にも私たちの「夢」に賛同してくれた人たちから、長年時計業界にいた自分でも知らなかった工場を紹介してもらったり、想いを受け入れてくださった製造業者さんたちからご協力をいただいたりと、助けてくださる方々が現れてくれました。

「結ぶ」「絆」の意味を持つ「Knot」。日本と海外、伝統と革新、世界中の人種や文化を「結びつける」腕時計を、今後も届けたいと思っています

そうやって徐々に生産体制を確立して今に至りますが、「Knot」を通してやりたいこと、お届けしたいことはまだまだこれからといった感じです。

**――挑戦はまだ始まったばかり。**

**遠藤氏**：そしてこのほど完成した、創業当時から構想していた機械式オートマチック腕時計「AT-38 Automatic Model」も、新たな挑戦のひとつです。

「日本人の魂と技が注ぎ込まれた高性能の腕時計」を、日本のユーザーにこそ手にとりやすい価格で身につけて欲しい、魅力を感じていただきたいという想いから生まれたものです。

## 日本製の高品質な腕時計を世界中の人々に世界を結ぶ「Knot」の腕時計

**――腕時計への「想い」を出発点に、それを着実にビジネスへとつなげてきました。**

**遠藤氏：**すべての仕事は、想いが出発点だと思いますが、それだけでは「思いつきのまま」で終わってしまう。

私は、想いを大切にしつつも、そこに徹底したデータ志向でビジネスモデルに載せていくことで、想いは実現していくと思っています。

これまで何度か起業してきましたが、その中で成功も失敗もたくさんありました。人とのご縁があり、幸運が重なって、ブームと呼ばれる現象も起こせた一方で、仕入れたものがまったく売れなかったり、言われのない噂を立てられることもありました。それらを振り返り、すべて「楽しかった」とは言えませんが、そこに「腕時計への想い」があって、仲間と一緒に乗り越えた喜びがあったからこそ、今まで続けることができたんだと思います。

## ――仲間と乗り越える、次の目標、夢は。

**遠藤氏：**今すでに、「MUSUBUプロジェクト」として、栃木レザーや京都の組み紐など、日本の伝統工芸とコラボレーションした腕時計やベルトを展開しています。

これからも伝統の技術や素材を、時計という新たな場で活かしていきたいと思います。そして、腕時計という素晴らしい装飾文化を切り口に、日本と世界をつないでいきたいですね。

世界中から注目される日本の伝統・職人芸を、手にとりやすい価格とスタイルでお届けする。社名の「Knot」は「結ぶ」＝「絆」という意味を込めて名付けられたものです。私たち「Knot」の腕時計が、伝統と最新技術、日本と海外、世界中の人種や文化など、あらゆるものを結びつける存在であり続けたいと思います。

私たちの挑戦はまだ始まったばかりですが、そうした想いを大切に、デザインと品質に優れた「メイド・イン・ジャパン」の腕時計を、これからも皆様にお届けしていきたいと思います。

# おわりに

遥か彼方の地平線へと続く、まっすぐな一本道。

本書の表紙は、北米で最も低い標高に位置し、厳しい砂漠地帯として知られる米国カリフォルニア州・デスバレーを通る、州道CA190の写真です。

実際にこの道を走ってみると、決してまっすぐな一本道が続くわけではなく、途中激しい起伏もあり、道は幾度となく曲がりくねっていることがわかります。それはまるで、試行錯誤を重ねながら〝好き〟という気持ちを抱き続け、仕事に変えていった登場人物たちの「道」を表すようでした。

決して楽ではなかったはずの道。それを振り返る皆さんの顔は一様に「笑顔」だったのが印象に残っています。

インタビュアーとしてさまざまな人生を覗かせてもらうなかで、「幸せとは選択肢があること」なのではないかと、常々感じています。自らの選択で進んだ道ならば、それが他人からどんなに過酷に見えても、綺麗に舗装された選択肢のない道を歩むよりも幸せなのかもしれない……。

「〝好き〟を仕事に」というのは、何もはじめから特殊な仕事を目指すだけでなく、今いる場所で〝好き〟を見出し、そこから選択していくことでもあります。

インタビュアーという仕事も、さまざまな仕事を経験する中で、あらゆる物事を覗いてみたいという自分の〝好き〟を見つけ、選択した結果でした。

最後になりましたが、インタビューにご協力いただきました皆さま、書籍化にご尽力いただいたすべての方々、そしてなにより本書を手にとって下さった皆さまに深く感謝致します。

これから道を拓く学生さんや、現状を変えたいと願う方々、また〝好き〟を仕事にすべきか悩んでいるすべての方々に、本書でご紹介したエピソードが、今後の人生の選択肢を広げるものになっていただければ幸いです。

アメリカ・デスバレー、砂漠の一本道にて　沖中幸太郎

【著者紹介】
## 沖中 幸太郎（おきなか こうたろう）

インタビュアー

オーラルヒストリーのインタビュー手法を用いて、「一緒に思い出す時間」を創るインタビュアーとして、作家、経営者、学者、アーティスト、政治家、伝統工芸職人など、10代から100歳代まで、さまざまなジャンルの専門家のライフヒストリーを聴く。手がけたインタビューは1000人以上。

また、インタビュー連載のほか、手法や哲学を活かした教室プログラムも実施。

インタビューを「間に立って観察すること」と捉え、その対象を「人」だけでなく、「食」や「まちづくり」などのさまざまな分野に広げるべく活動している。1982年広島生まれ。

オフィシャルサイト　https://okinakakotaro.com

〝好き〟を仕事に変える

沖中幸太郎 著

2017年 7月 31日初版発行

編　集－原　康明
編集長－太田鉄平
発行者－梶本雄介
発行所－株式会社アルファポリス
　〒150-6005 東京都渋谷区恵比寿4-20-3 恵比寿ｶﾞｰﾃﾞﾝﾌﾟﾚｲｽﾀﾜｰ5F
　TEL 03-6277-1601（営業）03-6277-1602（編集）
　URL http://www.alphapolis.co.jp/
発売元－株式会社星雲社
　〒112-0012東京都文京区水道1-3-30
　TEL 03-3868-3275
装丁・中面デザイン－ansyyqdesign
印刷－中央精版印刷株式会社

価格はカバーに表示されてあります。

落丁乱丁の場合はアルファポリスまでご連絡ください。

送料は小社負担でお取り替えします。

ISBN 978-4-434-23533-7 C0030